Les passeurs de la mort

Les passeurs de la mort

Les passeurs de la mort

Sommaire :

Les passeurs de la mort

Chapitre 1 : Le clip qui dérange

La pluie tapait sur les tôles des hangars comme un métronome nerveux, rythmant le trajet de Léa jusqu'à l'entrée du port fictif, là où les murs tremblent encore des pas des travailleurs et des promesses non tenues. Le quartier était un collage de contrastes entrepôts abandonnés à moitié démantelés, cafés d'employés crasseux qui servaient des lattés tièdes, et une tour de verre qui capte le ciel comme un miroir impitoyable. L'air était chargé d'odeurs industrielles—huile, sel, métal chauffé—et d'un sel plus amer, celui de l'attente et de l'inquiétude.

Léa connaissait les codes pas de noms réels, pas d'apostrophes qui pourraient rapprocher son enquête d'une personne vivante. Tout était fictif, mais suffisamment plausible pour que chaque détail sonne juste, comme s'il avait été taillé dans le réel sans jamais le refermer complètement. Elle s'arrêta devant l'écran de contrôle, qui semblait plus vieux que l'électronique qui l'entourait. Le flux des caméras de surveillance s'étirait sur le mur, une bande sombre de vies numériques et de regards qui ne se croisent jamais vraiment.

Le clip arrivait comme une gifle douce et insistante. Une séquence d'une douzaine de secondes, horodatée, sans son, mais avec un bruit de fond sourd qui ressemblait à une respiration lourde. L'image montrait une salle blanche, aseptisée, encore fraîche du lendemain, avec des rangées d'équipements stériles et des lits, alignés comme des soldats fatigués. Des silhouettes floues, genderless, bougeaient lentement des patients dans des positions qui évoquaient à la fois la vulnérabilité et une discipline mécanique. Autour de la scène, des objets semblaient à la fois industriels et personnels rubans adhésifs, sacs plastiques translucides, et une série de boîtes marquées de codes que Léa n'avait jamais vus dans un établissement de soins normatif.

Le raccord des métadonnées était ce qui piquait le plus une horloge coulant à pic, un identifiant de caméra mal enregistré, un nom laissé en demi-teinte sur une fiche technique. Léa, qui avait appris à lire les angles morts comme d'autres lisent le soleil, remarqua une incohérence presque comique une date qui n'était pas tout à fait la bonne, un fuseau horaire improbable, des chiffres qui ne collent pas avec les logs habituels des autres enregistrements. Elle plissa les yeux et imprima l'image sur un tirage papier, comme on ferait avec une sorte de preuve papier pour les réunions de rédaction.

Elle se tourna vers son assistant, Milo, jeune et curieux, mais encore peu expérimenté dans l'épaisseur des enquêtes qu'elle menait habituellement. Ses lunettes half-moon reflétaient l'écran central, et on voyait dans ses pupilles l'éclat de quelqu'un qui comprend que chaque pixel peut contenir une vérité lourde.

Léa "Montre-moi les horodatages, les numéros de lot, tout ce qui peut lier cette image à un système. On ne peut pas se contenter d'un clip isolé ; il faut la chaîne des preuves."

Milo "Les métadonnées indiquent une origine douteuse. On dirait que les caméras ont été réenclenchées dans un bloc de quartiers résidentiels située à plusieurs kilomètres d'ici. Ça peut signifier une falsification, ou un montage."

Léa se pencha vers l'écran, ses doigts caressant le bord du clavier comme on effleure une porte qui pourrait s'ouvrir sur un monde inconnu. Elle avait appris, au fil des années, à lire la fraude dans le détail les petits gestes qui trahissent un montage, les biais qui trahissent une intention.

Léa "Transfère tout ce qui est lié à cette séquence vers notre serveur privé. On va commencer par vérifier l'intégrité des données, puis on cherchera les correspondances avec les flux documentaires."

Elle savait que l'enquête ne commencerait pas par le spectaculaire, mais par des pièces minuscules et monotones qui, réunies, révéleraient une mécanique plus vaste. Le clip, en apparence isolé et dérisoire, pouvait être le point d'ancrage d'un système où des vies humaines se trouvaient déplacées, exploitées, et peut-être, économiquement rentabilisées.

La salle où elle se tenait n'était pas une salle de montage ; elle était le poste de commandement d'un genre une arène où les faits hurlaient en silence, et où chaque silence pouvait devenir un indice. Derrière elle, une maquette d'un port, poussiéreuse, mais utile, comme une carte qui aide à se repérer dans l'enchevêtrement des flux et des camps d'opération. Sur la table, des dossiers reliés par des élastiques, des post-its avec des chiffres griffonnés à la hâte, et une tasse de café qui fumait. Tout était prêt pour un travail de démêlage, mais personne n'avait encore commencé.

Le clip n'avait pas été conçu pour être vu une seule fois ; il était fait pour être disséqué, et c'est ce que Léa aimait du travail d'investigation l'idée que même une vidéo pauvre peut contenir une vérité complexe, cachée derrière les couches de mensonge et de routine bureaucratique.

Léa "On va le recontextualiser. Si ce clip est authentique, il existe une chaîne logistique derrière ce qu'on voit. Si ce clip est falsifié, il y a des traces qui nous mèneront à celui qui a orchestré la manipulation."

Elle parlait à voix basse, comme si parler trop fort pouvait faire sortir du monde entier ce qu'elle cherchait à comprendre. Son regard se déportait vers la fenêtre, où la pluie dessinait des motifs irréguliers sur le verre, comme les chiffres d'un code qui ne veut pas révéler son secret tout de suite. L'horloge murale battait le temps, méthodique et sans pitié.

Le clip était désormais plus qu'un objet visuel c'était une invitation à vérifier, à douter, à peupler les marges de preuves. Léa sentit une montée d'adrénaline tranquille, cette énergie qui l'avait suivie au long de ses carrières, lorsque le travail s'enferre dans une matière qui semble souveraine et indéchiffrable, mais dont les failles finissent toujours par ceder.

Elle demanda à Milo d'ouvrir les carnets de travail et les journaux de bord des derniers mois, afin de repérer des motifs récurrents. Des mots comme "urgence sanitaire", "donateurs privés", "assouplissement réglementaire" et "protocoles d'urgence" s'échappèrent d'un fichier, comme des pièces qui, bien qu'individuellement inoffensives, s'emboîtent pour révéler un puzzle plus large.

Milo "Regarde ceci une série de lettres archivées qui parlent d'un transfert de fonds entre une ONG fictive et une entité privée de logistique médicale. Le moment du clip coïncide avec l'un des pages rouges des rapports."

Léa "Parfait. Ajoute ces timings à notre chronologie. Si on peut faire démarrer une corrélation temporelle, on peut commencer à démontrer une chaîne."

Le reste de la matinée, ils travaillèrent en silence, comme deux alpinistes qui cherchent un chemin dans une paroi rocheuse trop lisse pour être franchie sans l'aide d'outils précis. Les documents s'emboîtaient, se contredisaient parfois, mais chaque contradiction était une porte potentielle si l'un des chiffres était faux, peut-être que l'ensemble reposait sur un mensonge plus grand.

Dans l'après-midi, Léa fit une pause et s'assit près de la large baie vitrée donnant sur le port. Le bruit des grues et les rampes des camions, tout cela servait de bande-son à son investigation. Elle se demanda quelle était la meilleure manière de traiter ce clip dans le récit qui allait être écrit comme un appel à la prudence, ou comme un avertissement brutal sur les coûts humains cachés derrière des apparences de well-being humanitaire et de progrès économique.

Elle prit le téléphone et composa un numéro qu'elle connaissait par cœur, un contact discret qui n'existait que dans les marges de son travail. C'était le genre de source qui ne pouvait être citée, mais dont les informations avaient le poids de pierres gravées, si l'on parvenait à les lire correctement.

Voix transmise (cachée) "Vous avez quelque chose ?"

Léa “Nous avons un clip, une salle blanche, des lits vides, et une série de codes. Je veux vérifier les étiquettes des lots, les numéros de lot, les horodatages, les adresses IP associées aux caméras. Tout ce qui peut nouer un lien entre l’image et une chaîne logistique.”

Voix transmise “Écoute bien ne te fia pas à l’image seule. Cherche les documents, les échanges de fonds, les contrats. Les images ne disent pas tout, mais elles peuvent être la porte d’entrée.”

La journée se termina par une courte réunion dans une salle de rédaction improvisée, une pièce où le bruit des ordinateurs et des imprimantes recouvrait le souffle des échanges entre Léa et son équipe. On discutait des méthodes, des risques et des limites du travail. On discutait aussi de l’éthique de la publication une vérité sans protection des sources serait-elle utile ou dangereuse ?

Le clip fut projeté sur un écran, encore et encore, comme un présage qui ne voulait pas se dissiper. Les silhouettes sans visage, les détails ambigus, les codes gravés dans le matériel—tout cela formait une mosaïque prête à être assemblée, mais nécessitant une patience de chirurgien et une rigueur de data analyst pour ne pas

se tromper et briser des vies dans le feu de la découverte.

Léa resta tard, longtemps après que Milo ait éteint les moniteurs. Elle sortit une prochaine liste d’étapes vérifier les métadonnées, retracer les flux financiers, demander des entretiens avec les responsables fictifs, confronter les documents aux témoignages. Et elle sut, comme dans toute enquête qui se respecte, que le vrai travail commençait avec le premier pas—l’analyse minutieuse de ce clip, puis le chemin qui mènerait, peut-être, à une vérité qui n’aurait pas pu être cachée indéfiniment.

Elle ferma les dossiers avec un calme qui masquait à peine l’adrénaline qui bouillonnait en elle. Le clip avait dérangé quelque chose en elle aussi, quelque chose qui ne demande qu’à être sondé, démonté et, si possible, transformé en une lumière qui pourrait empêcher que des vies ne soient exposées à des risques invisibles pour des profits tangibles.

En sortant, elle jeta un dernier regard au port, où les lumières des navires trahissaient une activité incessante—comme si le monde continuait de tourner malgré tout, malgré les ombres qui s'étendaient et les zones d'ombre qui persistaient. Le chapitre venait de s'ouvrir ; le chapitre était devenu, en lui-même, une promesse celui qui, dans les pages à venir, décrypterait les fils invisibles reliant ce clip à une chaîne plus vaste, allait écrire quelque chose qui pourrait réellement changer les choses.

Chapitre 2 Les portes du port

Léa s'engagea dans le trajet qui séparait le centre administratif du front de mer comme on s'avance vers une zone frontière intérieure une ligne de sécurité, des barrières discrètes et l'odeur d'un vent chargé d'iode et de poudre sèche. Le port fictif, nommé ici Port d'Argile, n'existait pas dans le monde réel de manière identifiable, mais il vibrionnait comme un organisme vivant, avec ses propres habitudes, ses codes tacites et ses zones d'ombre où les lois semblaient se plier à des usages locaux.

La matinée était lourde de brume et de lumière rasante ; les navires endormis tachaient l'horizon d'un bleu grisâtre, comme s'ils attendaient un signal pour reprendre le chemin de la mer. Le bruit habituel des grues et des conteneurs claquait dans l'air sans mélodie précise, mais avec une précision mécanique qui paraissait presque chorégraphier les mouvements des travailleurs. Léa avait appris à écouter ce genre de battement le tempo du lieu disait souvent ce que les documents ne pouvaient pas dire.

À son arrivée, le poste de contrôle ressemblait à une intersection de données et d'odeurs industrielles un guichet simple, une rangée de moniteurs, et au fond, une salle où l'on pouvait sentir les accumulations d'usure et de secrets. Milo, toujours ponctuel comme une seconde main, l'attendait près d'un écran qui affichait des flux de container et des listes de chargement. Sa casquette était inclinée d'un angle qui dénotait sa concentration il avait le regard d'un homme qui sait qu'un détail, même minime, peut devenir la clé.

Léa "On va commencer par cartographier les mouvements des dernières 90 heures. Cherchons les chaînes qui ne collent pas des entrepôts qui ne tiennent pas leur promesse, des interlocuteurs qui n'apparaissent jamais sous leur vrai nom, des facturations qui ne reposent sur aucune logique opérationnelle."

Milo "J'ai repéré something étrange dans les journaux de bord. Certaines entrées indiquent des 'services vitaux' qui sont hypothétiquement destinés à des passagers, mais les chiffres racontent une histoire différente des volumes de documents, des transferts d'argent qui n'ont pas de justification apparente."

Le travail commença par une traque lente, méthodique, où Léa priait les chiffres de rester assez clairs pour que l'on puisse tirer une ligne solide à partir de la confusion ambiante.

Le premier ensemble d'indices était invisible à l'œil nu des flux financiers éparpillés et des mentions de "services vitaux" inscrites dans des colonnes qui semblaient destinées à des activités légitimes. Des messages codés apparaissaient dans des courriels internes des mots ordinaires dissimulant des intentions qui ne parlaient pas directement de soins, mais qui évoquaient des services qui pouvaient, dans un cadre différent, être interprétés comme des moyens de contourner des réglementations.

Léa "Regarde ces entrées 'fourniture médicale', 'transport sécurisé', 'accompagnement patient'. Tout cela figure dans les mêmes blocs de texte qui, à côté, listent des 'frais de logistique' et des 'administrations d'urgence'. Ce n'est pas une coïncidence. Ce cadre ne peut pas être simplement une logistique sanitaire ; il y a un motif récurrent d'affectation de fonds qui ne cadre pas avec les activités médicales.»

La logique, telle qu'elle se dessinait dans les documents, était à la fois limpide et déroutante des flux de trésorerie qui semblaient suivre des règles internes propres à un système de régulation, mais qui, à l'intérieur même de ce système, déviaient, se réorientaient, comme une rivière qui change de lit après chaque orage. Léa nota mentalement les « motifs récurrents » qui émergeaient des tableaux des noms anonymes, des codes de projet, des dates qui ne coïncidaient pas, et surtout, des chiffres qui tremblaient dès qu'ils tentaient d'expliquer des coûts d'intervention qui semblaient, à la surface, parfaitement légitimes.

Le paysage autour du port se révélait peu à peu comme un terrain d'essai pour des mécanismes de flux humains et de services vitaux fabriqués sur la base d'un consentement tacite les travailleurs qui venaient pour les horaires les plus durs, les habitants du quartier qui dépendaient des services qu'offre le port—et, en parallèle, des transactions qui semblaient destinées à des entités qui n'avaient pas vocation à être visibles publiquement.

Au centre de l'enquête, un élément apparut avec une évidence tardive mais décisive des interlocuteurs pseudonymes qui circulaient dans les systèmes internes. Des noms écrits à la hâte sur des post-its, sur des cartes de compartimentage, ou même sur des bordereaux de réception, mais jamais accompagnés d'identités complètes. Les pseudonymes semblaient avoir été conçus pour faciliter des échanges rapides, tout en empêchant quiconque de mordre à l'ancre d'un numéro de téléphone ou d'un nom réel. Léa savait reconnaître cette discipline des systèmes qui préfèrent la fluidité au détriment de la traçabilité ; c'étaient les codes que les personnes impliquées savaient lire, mais que les observateurs extérieurs ne pouvaient pas déchiffrer sans les clés internes.

Léa (à voix basse, explicative pour Milo) "Regarde ce fichier il décrit des 'opérations portuaires' comme s'il s'agissait de simples livraisons de matériel médical, mais les configurations de l'adresse IP et des horodatages suggèrent des synchronisations avec des événements torves et des transferts hors des heures usuelles. Et puis il y a ces pseudonymes A1, B2, C3. Ce n'est pas du tout du hasard."

Milo prenait des notes avec la précision rigoureuse d'un étudiant qui sait que, dans l'investigation, chaque détail peut être celui qui relie les pièces ensemble.

Ils déployèrent leur méthode reconstruire, pas à pas, la chaîne logistique à partir de chaque élément, puis tester si les éléments convergent vers un même noyau d'acteurs ou, au contraire, s'effondrent sous l'épreuve du terrain. Léa ordonna à Milo de tirer des extraits de journaux de bord des 90 dernières heures, puis d'ajouter des métadonnées trouvées dans le clip du chapitre précédent pour tester les corrélations temporelles.

Le port était un écosystème complexe où les flux humains et les flux logistiques se mêlaient dans une chorégraphie dense les travailleurs qui entraient et sortaient, les camions qui se déplaçaient en silence dans l'aube, les clôtures qui semblaient plus symboliques que protectrices, et des regards qui se croisaient sans jamais se désigner clairement.

Une scène se grava dans l'esprit de Léa un employé portuaire, que le trio identifia comme "Agent 7" dans les fichiers internes, qui avait des gestes précis et répétitifs chaque fois qu'un conteneur passait par une zone suspecte. Agent 7 était un personnage cohérent dans les extraits qu'ils avaient pu collecter, et ses déplacements semblaient suivre une connexion discrète entre le quai et une annexe privée non répertoriée dans les registres publics.

Léa "Si Agent 7 existe vraiment, il doit figurer dans les caméras internes, même brièvement. On peut peut-être tracer son chemin et voir où il dépose ou récupère des éléments hors cadre. C'est là que le spectaculaire se transforme en enquête procédurale."

La journée se poursuivit par des entretiens avec quelques témoins secondaires—des travailleurs, une caissière de la cafétéria du port, un technicien de maintenance qui avait accès à des zones isolées. Aucun d'eux ne détenait à lui seul des réponses, mais tous, pris ensemble, contribuaient à dresser une image de ce que Léa appelait le « cadre opérationnel ». Le cadre opérationnel était l'ensemble des règles implicites qui régissaient l'espace portuaire et qui permettaient, subrepticement, à des acteurs non identifiés d'agir sans être immédiatement soupçonnés.

Travaillez les détails sensoriels Léa décrivait l'odeur d'huile et de sel qui s'infiltrait dans les vêtements, la poussière sur les palettes qui rendait les doigts légèrement gris, le bruit des vérins qui feuilletaient l'air comme des pages qu'on tourne lentement, et ce frisson obstiné qui naît lorsque l'enquêteur comprend que la logique du lieu dépasse les documents c'est la logique des personnes et de leurs choix quotidiens.

À la fin de la journée, un fichier composite commença à prendre forme dans l'esprit de Léa une colle de pistes qui, si elles étaient correctement assemblées, pouvait révéler un motif récurrent, celui des « facturations fantômes ». Ce terme, apparu dans une facture d'un fournisseur fictif, se révélait être la clé qui pouvait lier des opérations apparemment disparates à un mécanisme central de financement et d'allocation des ressources. Les facturations fantômes n'étaient pas qu'un simple artifice comptable elles servaient de voile qui cachait des transferts d'un réseau à l'autre, en s'inventant des coûts qui semblaient légitimes mais qui, en réalité, n'avaient pas de contrepartie tangible dans les actes médicaux ou les services réellement fournis.

Le chapitre avançait vers un climat doux et méthodique Léa allait démontrer que le port était le point nodal d'un système où la vulnérabilité humaine et la logique économique se nouaient, et qu'il existait une langue secrète, que seuls les initiés pouvaient entendre, qui parlait en chiffres et en noms d'employés dissimulés. Cette langue, Léa savait la lire ; elle avait passé des années à la déchiffrer, à comparer les pages des rapports, à trianguler les dates, à tester les hypothèses dans le brouhaha du port et dans le silence froid des serveurs.

En fin de journée, elle rédigea dans son carnet une phrase qui résuma tout ce qui venait d'être mis en lumière, même si tout restait encore partiel

Léa (notes) « Le port n'est pas seulement une porte ; c'est une architecture. Les services vitaux y circulent comme des courants invisibles et, lorsque l'on suit ces courants jusqu'à leurs sources, on découvre des chaînes logistiques atypiques, des facturations fantômes et des interlocuteurs pseudonymes qui, collectivement, indiquent l'existence d'un système où les vies humaines deviennent des ressources économiques déplacées d'un endroit à l'autre. »

Le chapitre 2, tel qu'il se terminait, ne ressemblait pas à une fin de chapitre c'était, au contraire, un commencement pour une enquête qui prend désormais une forme plus granuleuse et précise. Léa savait qu'elle ne tenait pas encore la vérité ; elle tenait une carte. Et comme dans toute bonne carte, les noms des lieux réels avaient été remplacés par des repères fictifs, mais les directions et les angles restaient exactement ceux qui permettraient, si l'on y prêtait attention, de distinguer les chemins qui mènent de l'ombre à la lumière.

En chemin, elle s'arrêta près d'un mur taché de sel et d'humidité, effleura le caractère gravé d'un vieux signe, et se dit que, parfois, les murs qui protègent les vérités les plus sensibles n'étaient pas ceux qui portaient des serrures lourdes mais ceux qui toléraient la présence discrète des témoins et des indices. Le port, dans son immensité et sa banalité, avait offert une clef une clé pour comprendre comment les flux humains et les flux financiers peuvent s'entrelacer, se disputer, puis se confondre, et comment, pour démêler tout cela, il faut suivre les chiffres jusqu'aux gestes quotidiens des hommes et des femmes qui, sur le quai, font tourner le monde à l'heure du travail.

Chapitre 3 Témoin n°1

La voix qui parle à travers les ombres

Le soleil ne se montrait pas encore vraiment ce matin-là, et le port demeurait pris dans une brume légère qui donnait aux silos et aux grues l'allure d'ombres chinoises. Léa avait programmé le rendez-vous avec le témoin anonyme dans un lieu neutre, loin des regards et des microphones – une salle de repos d'un bâtiment annexe, entre deux zones d'activité, où le bruit des machines s'estompait un peu et où l'odeur chaude du café restait fidèle comme un témoin imparfait.

Elle entra avec une discipline qui n'admet pas le hasard appareil d'enregistrement prêt, carnet, stylo bleu, et un attaché-case qui contenait des copies de documents, des extraits de logs, et des photographies floues des flux qui ne devraient pas exister. À distance, un jeune homme s'avança, les épaules un peu voûtées, le regard fuyant mais curieux, comme quelqu'un qui sait que tout ce qu'il va dire peut être utilisé contre lui, mais qui n'a plus le choix. Son anonymat était désormais le seul bouclier qui restait.

Léa « Vous avez accepté de parler sous couvert d'anonymat. Tout ce que vous dites restera offert à votre protection. » Sa voix était ferme, sans agressivité, mais parfaitement claire dans le silence pesant de la pièce.

Témoin n°1 « Je suis fatigué. Pas seulement physiquement, mais de porter le poids des secrets que personne ne voit et que personne ne veut nommer. Si je parle, c'est parce que quelqu'un doit le faire avant que tout s'écroule autour de nous. »

Le témoin, que Léa appellerait ensuite "A." dans les notes, s'assit avec lenteur, et l'on entendit presque le soupir qu'il retenait depuis trop longtemps. Le papier sous les doigts tremblait légèrement ; ses mains, autrefois plutôt fermes, trahissaient une fatigue qui allait au-delà de la simple hypoglycémie ou de la veille insuffisante.

Léa « Dites-moi simplement ce que vous pouvez partager sur ce que vous avez vécu, sur ce que vous avez vu. Pas de noms qui pourraient faire mal, pas d'accusations sans preuves. Parlez-nous des pressions, des choix, des moments où vous avez dû faire taire vos propres sentiments pour continuer. »

A. prit une respiration lourde ; il avait les joues poussiéreuses et les cicatrices visibles sur les avant-bras, vestiges d'un passé qui ne voulait pas quitter sa peau. Il posa sur la table une photo en noir et blanc, la matière un peu pelée, montrant une silhouette qui semblait les observer d'un regard qui n'existait plus dans le monde humain.

Témoin n°1 « On appelle ça le "préparation du silence". On te montre les chiffres, les documents, les noms qui ne disent pas grand-chose et, surtout, on te dit ce que tu dois faire—ou ce que tu ne dois pas faire. Ceux qui savent le langage des flux savent aussi manipuler les personnes qui ne savent pas lire ce langage. »

Il effleura la photo et poursuivit

Témoin n°1 « J'étais un de ceux qui transportaient, qui veillaient sur des patients qui semblaient être sortis tout droit d'un catalogue. On leur disait que c'était pour leur bien — des soins, des services, un accompagnement. Ce qu'on ne disait pas, c'est que ce soin pouvait coûter bien plus que de l'argent la dignité, l'usage de leur histoire, et parfois leur sécurité même. »

Léa prit des notes sans hâte, laissant les mots du témoin trouver leur cadence. Le récit qu'il offrait venait éclairer les chiffres qui apparaissaient dans les documents ; sans lui, les chiffres n'étaient que des lignes, froides et indifférentes. Avec lui, ils devenaient des vies, des choix, des pressions.

Témoin n°1 « Je me suis retrouvé pris dans un réseau qui ne portait pas seulement sur des flux financiers ; il s'agissait d'un contrôle des corps et des émotions. Des regards qui pesa[k]ent comme des chaînes, des promesses qui se traduisent en ordres, et des douleurs qui s'agrippent longtemps après que tout le reste se soit éteint. On m'a dit "Ne parle pas

; si tu parles, tout ce que tu as vécu deviendra ta condamnation." Alors j'ai appris à ne pas parler. Puis j'ai commencé à parler quand les pièces du puzzle ont commencé à se décaler de leurs propres ordres. »

Léa demanda à A. d'expliquer les mécanismes précis par lesquels la pression s'exerce. Elle ne cherchait pas à obtenir des noms ou des lieux, mais à clarifier le mécanisme psychologique et physique de l'intimidation et de la coercition.

Léa « Parlez-moi des moments où vous avez senti que votre sécurité était réellement en jeu. Était-ce des menaces directes, ou des pressions plus subtiles ? »

Témoin n°1 « Les menaces n'étaient pas toujours claires elles arrivaient sous forme de regards, de messages codés, de réaffectations d'horaires, de visites imprévues qui vous rappelaient que vous étiez surveillé. Une fois, j'ai vu quelqu'un entrer dans une pièce où l'on me disait de ne pas sortir—et lorsque je suis sorti, j'ai découvert que la porte ne pouvait se refermer sans que quelqu'un d'autre sache que j'étais là. C'est ce genre de choses ; cela te fait douter de ta propre perception. »

Le témoin se lança ensuite dans des détails qui tenaient à la réalité brute, pas à la fiction les horaires qui compensaient des coûts, les zones où les caméras n'étaient pas visibles, les types d'équipements ou de denrées qui semblaient être des « services vitaux » mais qui, en réalité, faisaient tourner une mécanique de prélèvements et de traitement des personnes.

Témoin n°1 « Il y avait des protocoles qui disaient que tout devait être "suivi et traçable". Ce qui était traçable, c'était le flux d'argent et le flux de documents. Ce qui était caché, c'était le flux des personnes. On ne peut pas tracer ce dernier sans briser le cadre de confidentialité que l'on s'impose en tant que travailleurs. On nous demandait parfois de rester muets ; et ceux qui parlaient avaient leurs comptes effacés, leurs accès révoqués, leurs heures réduites. »

Léa écouta sans interrompre, laissant l'espace s'étendre autour de leur conversation. Elle avait appris que, dans ce type d'enquête, la vérité ne se donne pas d'un seul coup elle se déploie lentement, par couches successives, comme un édifice dont l'on retire patiemment les rideaux pour révéler les murs intérieurs.

Léa « Quand vous dites que vous avez été protégé par des collègues, que voulez-vous dire exactement ? Était-ce une solidarité tacite ou une complicité active ? »

Témoin n°1 « Une forme de protection passive des regards qui disaient "on te couvrira si tu trembles" ; et parfois des avertissements déguisés en blagues. Mais il y avait aussi des collègues qui, quand ils levaient les yeux, semblaient mesurer le coût de chaque parole. On vous coupe votre droit de parler quand il s'agit de la vérité qui pourrait mettre en danger la cascade des décisions qui ont été prises. Certaines personnes se taisent parce qu'elles savent qu'on peut faire taire quelqu'un par le silence et l'oubli. »

Le récit d'A. était semé d'éléments qui faisaient le pont entre le personnel quotidien et le système global. Léa nota ces éléments les moments où les travailleurs étaient soumis à des ordres qui paraissaient « raisonnables » mais qui, en réalité, n'étaient pas compatibles avec les droits humains ; les périodes où les heures supplémentaires étaient présentées comme des "allocations d'urgence" qui maquillaient des paiements qui ne se justifiaient pas. Chaque détail était une pièce potentielle de l'échec structurel du système et, en même temps, une véritable accusation silencieuse contre ceux qui avaient choisi de garder le silence.

La voix d'A. se fit plus calme, presque monotone ; le témoin semblait avoir trouvé dans ce moment d'audience une sorte de refuge, un espace où il pouvait délivrer ce qu'il portait sans ressentir le poids immédiat de la culpabilité ou de la peur de représailles.

Témoin n°1 « Ce n'est pas que j'ai été protégé par des amis ; c'est que j'ai été protégé par le besoin de survivre, par le choix de continuer à respirer, même lorsque tout ce que vous faites semble être une simple cohabitation avec la peur. Les pressions morales se transforment en pression physique lorsqu'on vous retire l'accès à des ressources basiques, lorsque les horaires s'allongent sans raison, lorsque les lieux que vous aimez deviennent des lieux de contrôle, et lorsque vous vous rendez compte que votre propre voix peut coûter cher à ceux que vous aimez. »

Le temps s'étire autour d'eux comme une nappe d'eau calme ; puis Léa promit à A. que son témoignage serait traité avec la plus grande précaution, que les informations sensibles seraient protégées et que chaque élément serait vérifié par des documents indépendants dans les pages suivantes. Elle demanda au témoin de rester disponible pour des confirmations et des clarifications, sachant que chaque réplique pouvait être la clé d'un mécanisme plus large.

Léa « Si vous pouvez nous donner des dates, des noms de lieux anonymisés, ou des descriptions de procédures qui vous ont été imposées, cela aidera à établir une chaîne crédible sans compromettre votre sécurité. »

A. hocha lentement la tête. Il prit un nouveau souffle et, avec une franchise remarquable malgré les séquelles visibles de sa vie, poursuivit

Témoin n°1 « Il y a eu une période où le port a été décrété comme "zone prioritaire" pour des interventions rapides. On m'a demandé d'organiser des transferts, pas des patients. Les personnes qui sont venues n'étaient pas des patients ordinaires ; elles arrivaient avec des dossiers flous, avec des symptômes qui ne correspondaient pas à ce que l'on disait faire. On m'a dit que c'était "pour l'efficacité du système", que cela réduirait les coûts et accélérerait les procédures. Aujourd'hui, je sais que c'était un mensonge qui aurait pu coûter des vies. »

Alors que le témoignage avançait, Léa remarqua dans ses notes une phrase qui sembla résumer la tension morale qui pesait sur ce genre d'enquête le témoin n'avait pas seulement vécu la peur, il avait été obligé d'observer l'érosion progressive des normes humaines dans un cadre où les chiffres et les dates semblaient pouvoir les remplacer. Et c'est précisément cette érosion qui, d'un seul coup, donne au lecteur une raison tangible de s'investir dans la vérification des faits.

Le chapitre s'étendit ensuite sur une série de détails plus pratiques et narratifs comment A. avait accédé à certaines zones, quelles technologies de surveillance avaient été utilisées pour rendre ces zones “sûres” pour les opérateurs tout en “dangereuses” pour les témoins, et comment les documents internes contenaient des indications qui semblaient contradictoires ou inutiles, mais qui, finalement, révélaient le type exact de mécanisme de contrôle opéré par le réseau.

Scènes sensorielles Léa décrit le cliquetis métallique du rideau de fer, le goût métallique dans la bouche après une bouchée de pain sec partagé entre confidences, le souffle court du témoin qui parle après des années de silence, et le silence qui suit les questions lorsque les informations précises manquent ou lorsqu'un détail important est oublié par le témoin.

À mesure que le témoignage progressait, Léa aima se rappeler que ces échanges n'étaient pas simplement des révélations brutes ; ils tissaient une toile qui, si elle était bien assemblée, pouvait être présentée à des éditeurs comme une démonstration probante des mécanismes par lesquels des vies humaines étaient devenues des variables économiques. Le chapitre se termina avec une promesse prudente le témoignage sera vérifié et triangulé dans les chapitres qui suivront, et le lecteur sera invité à juger, étape par étape, la crédibilité des faits et la force des témoignages.

En quittant la salle, Léa et Milo échangèrent un regard discret. Ils savaient que le travail ne venait pas de la simple collecte de témoignages, mais de la capacité à montrer, avec des preuves et des voix, que derrière les chiffres et les flux il y avait des personnes dont la souffrance était devenue une monnaie d'échange. Le témoin n°1 avait donné une voix ; il appartenait maintenant à Léa de la porter avec la rigueur nécessaire pour éclairer la vérité, sans transformer le récit en simple dénonciation, mais en une enquête qui explique, appelle à la réforme et, surtout, respecte la dignité de ceux qui ont été réduits au silence trop longtemps.

Chapitre 4 Le laboratoire des paradoxes

La lumière blanche des néons couvrait les couloirs froids de la clinique privée fictive, baptisée ici "Héritage Santé". L'endroit se présentait comme une forteresse de promesses médicales murs impeccables, vitres fumées, et un parfum clinique d'alcool et de gel hydroalcoolique qui collait à la peau comme une étiquette indélébile. Pourtant, dès les premiers pas de Léa dans l'enceinte, une sorte de bruissement étonnamment ambigu flottait dans l'air l'impression que les mots "éthique" et "profit" s'écharpaient en silence, comme deux pièces d'un même puzzle qu'on essaie d'assembler sans jamais accepter qu'elles puissent appartenir strictement à des corners opposés.

Cadre et intention narrative

Cadre un institut privé voué à des soins spécialisés, mélange d'unités de diagnostic avancé et de petites salles où l'on effectue encore des examens modestes mais coûteux. L'architecture est soignée, mais sous les surfaces lisses se cache une logique parallèle où les chiffres priment sur les corps.

Objet du chapitre révéler les incongruités entre les protocoles affichés — affichés dans des chartes murales et des manuels internes — et les résultats réels observés au sein des procédures, des prélèvements et des suivis. Montrer comment la frontière entre "soin" et "commerce" peut se brouiller lorsque les indicateurs de réussite se basent sur des métriques manipulables plutôt que sur des résultats humains mesurables.

Personnages et point d'observation

Léa méthodique et prudente, elle approche le laboratoire comme un musée de preuves potentielles. Sa curiosité est autant guidée par l'éthique que par une tension journalistique qui exige des réponses, quitte à irriter des protecteurs de l'institution.

Responsable qualité fictive une femme au regard vif, connue pour son obsession du détail et son langage du "respect des protocoles". Son rôle est clé elle incarne la façade de conformité et peut devenir une alliée inattendue si son attachement à la réputation professionnelle prévaut.

Techniciens et assistants figures précaires qui savent plus qu'ils ne veulent le dire sur les pratiques quotidiennes, parfois dépassés par des demandes contradictoires entre direction et service patient.

Documents et artefacts dossiers patients anonymisés, journaux de contrôle qualité, feuilles de résultats, courriels internes, et un lot de copies d'échantillons clairs mais dont les métadonnées révèlent des anomalies.

Entrée dans le laboratoire premières observations

Léa franchit le sas de sécurité. Un claquement sec résonne dans le corridor ; une porte s'ouvre sur un espace où le silence est presque religieux ici, les machines ronronnent comme des bêtes endormies, les écrans affichent des courbes et des chiffres qui semblent danser au rythme lent des procédures. Elle avance avec un carnet épais et des puces de rappel — un outil de vérification qui ne prend pas le moindre risque d'oublier une éventuelle incohérence.

Léa (à voix basse, à l'attention de Milo, son assistant) "N'oublie pas que tout ce qui va être montré ici peut être interprété de deux façons ou bien ces résultats témoignent d'un protocole respecté, ou bien ils montrent une dérive qui profite d'un cadre réglementaire laxiste. On doit documenter les deux hypothèses."

La première impression se concentre sur les surfaces et les gestes la routine est une chorégraphie parfaitement répétée, mais des détails isolés sèment le doute. Un technicien ouvre une valise métallique, en sort des boîtes étiquetées avec des codes qui ressemblent à des numéros de lot. À côté, un écran affiche une série de graphiques qui se contredisent les chiffres des "résultats" affichent une stabilité apparente, tandis que les commentaires dans les rapports internes signalent des écarts importants par rapport aux protocoles approuvés.

Le contraste entre affichage public et réalité clandestine est le moteur du chapitre. Léa tente d'aligner les morceaux de vérité qui, pris isolément, ne disent pas grand-chose, mais qui, assemblés, parlent d'un système où l'éthique est instrumentalisée pour servir la rentabilité.

Dialogues et scènes-clés (extraits reconstruits et plausibles)

Responsable qualité "Nous respectons strictement les protocoles. Tout écart est immédiatement signalé et corrigé. La traçabilité est notre mesureur de qualité."

Léa "Et les écarts signalés dans les rapports internes, les disparités entre les résultats attendus et les résultats obtenus ? Comment expliquez-vous ces variations ?"

Responsable qualité "Les protocoles sont conçus pour les cas idéaux. Dans la pratique, les imprévus exigent des dérogations qui restent documentées dans un cadre interne réservé. Rien n'échappe, même si cela peut paraître ambigu."

Léa "Pouvez-vous me montrer un exemple concret d'une dérogation et du processus qui l'autorise, y compris les signatures et les horodatages ?"

Responsable qualité "Certainement, mais vous comprendrez que certains documents ne peuvent être diffusés hors du comité."

Indices et incohérences détectées

Incohérences de métadonnées des échantillons prélevés à des heures où les procédures de prélèvement étaient théoriquement suspendues pour des raisons de maintenance, mais les systèmes d'horodatage indiquent une exécution parfaite malgré l'absence apparent d'équipe technique.

Disparités entre protocoles affichés et actions réelles les contrôles de qualité exigent des étapes de validation qui, dans les faits, semblent sautées ou raccourcies pour des raisons d'économies ou de délais.

Services et résultats des tests qui devraient générer des résultats cliniques clairs produisent des données ambiguës ou contradictoires, accompagnées de notes mentionnant des "résultats prévisionnels" qui ressemblent plus à des objectifs financiers qu'à des conclusions médicales.

Documents internes courriels et notes de service évoquent des "optimisations opérationnelles" et des "rationalisations budgétaires" qui, pris hors contexte, paraissent normatives, mais qui, examinés de près, propagent des pratiques potentiellement risquées sur le plan éthique.

Dialogues internes et méthodologie de Léa

Léa (à Milo) "Regarde ces annotations dans le rapport qualité 'ajustements tolérés', 'réduction des temps d'attente', 'alignement sur objectifs budgétaires'. Ce n'est pas du jargon technique c'est une langue qui masque des compromis."

Milo "Mais si ces déviations existent, elles ont peut-être été préparées, ou au minimum tolérées, afin de répondre à des pressions financières ou à des demandes de résultats plus rapides."

Léa "On doit prouver le lien entre ces dérogations et les résultats. Sinon, ce ne sera qu'un récit d'anomalies. Il faut montrer la chaîne causale protocole → dérogation → résultat → coût ou gain."

Décryptage des mécanismes éthique vs commerce

Le chapitre explore la frontière entre éthique médicale et commerce par trois axes principaux

1) Les dérogations et les « ajustements opérationnels »

Les dérogations existent dans un cadre légal et éthique, mais leur fréquence et leur impact réel sur les résultats médicaux posent question.

Le récit montre comment ces dérogations, lorsqu'elles deviennent routinières, altèrent la sécurité et le bien-être des patients, et comment elles peuvent être justifiées par des arguments d'efficacité ou de réduction des coûts.

2) La traçabilité et les données

L'apparence de traçabilité est essentielle pour préserver la confiance mais si les données croisées ne sont pas systématiquement vérifiables, le système devient vulnérable à des manipulations.

Léa tente de démontrer que la traçabilité est une construction sociale et technologique elle dépend des choix d'enregistrement, des permissions d'accès et des protocoles d'audit qui, lorsqu'ils privilégient la rapidité sur la précision, créent des failles.

3) Le cadre légal et les garde-fous institutionnels

Le chapitre interroge la robustesse des mécanismes de régulation les protocoles et les comités qui les supervisent semblent parfois plus soucieux de préserver une image de rigueur que d'assurer une pratique véritablement alignée sur l'éthique.

Les documents internes évoquent une "alignement stratégique" qui rappelle les débats sur le financement de la santé privée les résultats favorables au niveau économique ne coïncident pas toujours avec les résultats cliniques observés.

Scènes sensorielles et atmosphériques

Atmosphère clinique le bourdonnement mesuré des machines, le parfum stérile, les lampes froides qui donnent aux visages des teintes pâles, et la sensation de toucher des objets qui ont fait l'objet d'innombrables contrôles et révisions.

Détails perceptibles le froid sur les paumes des mains de Léa quand elle tient des échantillons ; le cliquetis des claviers ; le reflet des écrans dans les lunettes des techniciens ; la pesanteur d'un silence qui s'installe après une question qui menace de tout remettre en cause.

Symboles et motifs le contraste entre le soin apparent et le mot "dérogation" qui se glisse insidieusement dans les échanges ; l'idée que les chiffres peuvent être polis comme une vitrine, mais que la réalité se cache derrière des rideaux.

Climax et pivot narratif

Découverte cruciale Léa identifie une série de pratiques répétées qui suggèrent que des résultats cliniques ont été "ajustés" pour satisfaire des objectifs budgétaires ou des demandes de performance, plutôt que pour refléter une amélioration réelle de l'état des patients.

Construction de l'argument les incohérences ne sont pas des accidents isolés ; elles s'enchaînent selon une logique qui relie des départements, des équipes et des procédures.

Question éthique centrale jusqu'où peut-on accepter des compromis lorsque les conséquences touchent directement à la vie et à la dignité des patients ?

En quittant le laboratoire des paradoxes, Léa rédige dans son carnet une synthèse modeste mais déterminante

Léa (notes finales) "La frontière entre le soin éthique et le commerce est une frontière malléable, tracée par les choix humains et les contraintes économiques. Si les protocoles existent pour protéger les patients, ils deviennent des outils de façade lorsque les résultats — mesurables en chiffres et en profits — prennent le pas sur les vies humaines. Ce chapitre ne démontre pas une culpabilité universelle, mais il expose une vulnérabilité systémique une régulation qui peut être contournée si personne ne regarde assez fort, assez longtemps, et avec assez de preuves vérifiables."

Chapitre 5 Cartographie financière

Cadre et intention narrative

Cadre une architecture financière opaque qui supporte le réseau décrit précédemment, autour d'un hub financier fictif et d'entités écran dispersées entre ports, cliniques privées et cabinets-conseils. L'objectif du chapitre est de montrer comment les flux d'argent structurent les activités sans révéler les noms directs des véritables protagonistes, et comment Léa, à force de triangulations, recrée une carte des relations sans pour autant toucher les noms « sensibles ».

Enjeu narratif démontrer que la véritable puissance du système réside dans les couches intermédiaires sociétés écrans, prête-noms, et circuits de facturation qui masquent les bénéficiaires finaux. Le suspense provient de la prudence méthodologique chaque indice est fragile, chaque lien est spéculatif s'il ne peut être corroboré par des pièces irréfutables.

Personnages et rôle des agents fictifs

Léa toujours méthodique, elle se déplace désormais entre les documents comptables, les rapports d'audit et les messages internes, cherchant des corrélations temporelles et structurelles entre les flux de fonds et les actes opérationnels.

Elément financier clé fictif une entité « Centralea » décrite dans des documents comme « consolidateur de paiements ». Son nom ne sert ici qu'à indiquer un nœud financier, pas l'identité réelle d'une personne ou d'une organisation existante.

Conseiller financier fictif nommé « Expert G. », figure qui parle le langage des chiffres et qui peut soit aider Léa à comprendre les mécanismes, soit tenter de dissuader en fuyant les questions sensibles.

Audit interne fictif un document interne qui révèle des mécanismes (reconnaissances, déductions, contrôles, écarts) mais dont les noms et les adresses restent anonymisés.

Structure générale du chapitre

Trois arcs entrelacés (1) traquent des flux et des anomalies, (2) construction d'une cartographie des sociétés écrans et des bénéficiaires indirects, (3) exploration des limites éthiques et pratiques de la publication lorsque les noms directs restent hors d'atteinte.

Tournants dramatiques l'apparition d'un schéma de facturation récurrent, une correspondance interne évoquant « l'opération de couverture », et une découverte qui suggère que certains paiements servent à financer des activités non médicales, voire des coûts humains détournés.

Scène 1 — Ouverture dans les chiffres

Lieu bureau clandestin où Léa et Milo examinent des jeux de données extraites de serveurs internes, anonymisés et consolidés pour éviter toute identification directe.

Description sensorielle le cliquetis du clavier, le ronronnement des serveurs, l'odeur métallique du papier des relevés imprimés, et le faible clignotement des LEDs qui dessinent des trajectoires sur les visages.

Action Léa orchestre la triangulation des flux entre trois jeux de données facturation hospitalière, paiements à des sociétés de logistique, et frais de conseils professionnels. Chaque jeu porte des étiquettes anonymes comme « F1 », « S2 », « C3 ».

Dialogue

Léa « On a des écarts systématiques entre les montants facturés et les prestations déclarées. Si on reconstitue les flux, on peut voir qui paie qui, mais pas nécessairement qui reçoit réellement l'argent en dernière instance. »

Milo « Et les noms ? On n'a que des entités anonymisées et des dates qui ne coïncident pas toujours. »

Expert G. « Les schémas de blanchiment ne s'appuient pas sur une seule transaction lourde, mais sur des cascades de paiements plus petites qui, vues isolément, paraissent légitimes. »

Indices une série de numéros de facture qui se répètent avec des variations mineures, des bénéficiaires apparaissant sous des noms différents mais liés par des adresses postales distantes et des numéros d'identification similaires.

Scène 2 — La cartographie des sociétés écrans

Lieu salle de réunion virtuelle et des fichiers partagés anonymisés.

Action Léa et Milo créent une carte mentale des entités interposées sociétés écran, sociétés satellites, cabinets de consulting, et des holdings fictives. Ils croisent les codes de projet, les dates de création et les adresses IP utilisées pour des transferts.

Dialogues

Léa « Regardez les motifs récurrents mêmes tokens dans les numéros de TVA fictifs, mêmes scripts de nommage des projets, et des correspondances qui relient des entités de logistique à des entités de services médicaux. »

Milo « Certains schémas réutilisent des pseudonymes d'adresse, mais les dates et les montants synchronisés laissent penser à une orchestration centralisée, même si on ne voit pas le nom du commanditaire final. »

Indices

Réutilisation de formats de facturation et de termes techniques qui, pris séparément, semblent ordinaires mais, assemblés, révèlent des canaux de transfert de fonds.

Correspondances internes évoquant « optimisation de chaîne d'approvisionnement » qui masquent des paiements qui ne correspondent pas à la réalité opérationnelle.

Atmosphère une tension sourde entre les chiffres qui parlent et les personnes qui souhaitent ne pas apparaître dans les colonnes des rapports.

Scène 3 — Le démonstrateur d'anonymat preuves sans noms

Lieu dépôt numérique sécurisé, avec des boîtes à outils d'analyse et des visualisations graphiques.

Action Léa présente à Milo une série de graphiques et de timelines qui montrent des corrélations entre les paiements et les décisions opérationnelles, sans jamais révéler les noms directs des bénéficiaires finaux.

Dialogues

Léa « Ces graphiques démontrent une logique les paiements coïncident avec des périodes d'intervention accrue, mais les prestataires ne sont pas ceux qui devraient être les destinataires directs des fonds. »

Milo « Et les adresses IP ? »

Léa « Elles pointent vers des réseaux qui ne correspondent pas aux lieux alloués pour l'économie réelle des prestations ; ce sont des itinéraires de transfert étranges, qui ne s'intègrent pas à la logique visible des opérations médicales. »

Indices

Adresses IP associées à des VPN géographiquement dispersés ; horodatages qui montrent des paiements pendant des heures atypiques ; métadonnées qui indiquent des « consolidations » avant les transferts finaux.

Scènes sensorielles un tableau lumineux où les lignes et les colonnes se croisent comme des cheminements ; l'odeur sèche des documents imprimés et l'arrière-goût métallique d'un café froid.

Scène 4 — Confrontation avec les garde-fous le comité d'audit fictif

Lieu salle de comité fictif où les procédures de conformité sont discutées.

Action Léa et Milo tentent d'obtenir des documents d'audit qui, selon des rumeurs internes, ont été « révisés » pour préserver les marges. Ils tombent sur des notes faisant allusion à des « optimisations budgétaires » qui, autour de la table, prennent une tonalité ambiguë.

Dialogues

Responsable conformité fictive « Nos audits respectent les standards reconnus. Toute déviation serait signalée et rétablie. »

Léa « Cependant, les journaux internes parlent de dérogations et d'"optimisations" qui ne coïncident pas avec les résultats cliniques. Pouvez-vous expliciter les écarts et les signatures associées ? »

Expert G. « Les écarts existent, certes, mais ils ne démontrent pas, à eux seuls, une malversation. Cela montre plutôt les limites des cadres d'audit face à des systèmes qui cherchent à optimiser des coûts sans explication claire des bénéficiaires finaux. »

Indices

Signatures manquantes dans des dérogations, ou signatures effacées, rendant les documents difficiles à tracer.

Références croisées à des projets qui semblent techniques mais qui, dans le détail, ressemblent à des mécanismes de réaffectation de fonds.

Clôture de scène Léa et Milo réalisent que le chaînage des preuves est possible, mais que l'identité des bénéficiaires finaux demeure protégée par de multiples strates.

Scène 5 — Les pièces qui parlent documents internes et traces numériques

Lieu centre de traitement de données fictif et archives.

Action Léa travaille sur des extraits de contrats, des feuilles de calcul et des notes internes qui mentionnent des « services vitaux » et des prestations associées à des frais de « logistique et sécurité ». Chaque document, pris isolément, est plausible ; ensemble, ils forment une mosaïque qui pointe vers des mécanismes de rémunération indirecte.

Dialogues

Léa « Comparez ces chiffres les coûts opérationnels affichés dans ces contrats ne correspondent pas aux coûts réels des prestations. Il y a une marge qui se déplace entre des entités qui ne sont pas les prestataires finaux, et des entités qui, a posteriori, deviennent les bénéficiaires des flux. »

Milo « On peut tracer les flux entre les sociétés écrans, mais les noms finaux restent masqués par des couches d'anonymisation. »

Indices

Contrats multi-niveaux qui rattachent des prestations à des entités dont les activités ne justifient pas les montants.

Transactions répétées avec des marges anormales et des "coûts administratifs" qui semblent exagérés par rapport à l'ampleur des services rendus.

Atmosphère l'impression d'un puzzle dont chaque pièce est parfaitement normale, mais dont l'agencement révèle une architecture de financement qui a été pensée pour dissimuler la réalité.

Scène 6 — Le dilemme méthodologique et moral

Lieu retour à la salle de rédaction improvisée.

Action Léa réévalue les preuves accumulées et les limites de verbatim sans noms directs. Elle écoute les arguments internes sur la possibilité ou non de publier sans mettre en danger des sources ou des personnes anonymisées qui pourraient être associées à ces entités fictives.

Dialogues

Éditrice fictive « Si nous publiions sans noms directs, notre impact sur les pratiques serait peut-être limité ; mais publier des noms masqués pourrait détruire la crédibilité de l'enquête et ouvrir des risques pour des témoins. »

Léa « La cartographie montre une chaîne, une architecture du financement, pas nécessairement les noms finaux. Notre responsabilité est d'exposer les mécanismes et d'insister sur les noms qui demeurent anonymisés pour la protection des sources tout en appelant à des réformes et à des audits publics plus stricts. »

Indices

Un rapport interne évoque une ligne directrice privilégier la publication de « chaînes de financement » plutôt que des noms directs afin d'éviter des poursuites ou des menaces contre les sources.

Clôture Léa décide de pousser l'enquête vers des canaux publics et institutionnels qui peuvent être amenés à révéler des bénéficiaires finaux via des mécanismes légaux, tout en publiant les données triviaux et les patterns qui prouvent l'existence d'un réseau sans pour autant exhiber des noms sensibles.

Chapitre 6 Le dispositif humanitaire

Cadre et intention narrative

Cadre une ONG fictive, "Aurore Solidaire", et ses réseaux locaux dans une ville portuaire voisine du Port d'Argile. Le chapitre explore comment des pratiques supposément altruistes et transparentes peuvent être traversées par des logiques de financement, de contrôle des flux et de légitimation politique qui masquent des intérêts financiers et stratégiques.

Thème central la frontière fragile entre aide humanitaire et instrument économique ; comment des mécanismes de "bien faire" peuvent, sans être explicitement illégaux, servir des buts qui ne profitent pas aux bénéficiaires, mais qui renforcent des chaînes de pouvoir et des marchés parallèles.

Tension dramatique Léa et Milo doivent démontrer une incohérence éthique et opérationnelle tout en protégeant les sources, et elles se heurtent à des narratifs officiels qui cherchent à présenter les activités sous un jour uniforme et inattaquable.

Personnages et rôles

Léa journaliste d'investigation, méthodique, intègre, prête à déranger des piliers du système pour révéler les mécanismes sous-jacents.

Milo assistant et analyste, expert en traçabilité des flux, capable de lire des graphiques et des feuilles de calcul comme d'autres lisent des romans.

Responsable d'Aurore Solidaire (RSS) directrice locale de l'ONG fictive ; son discours semble fluide, rassurant et aligné sur des normes internationales supposées ; elle devient ici un témoin ambigu et potentiellement utile, mais pas entièrement fiable.

Responsable financier fictif interlocuteur qui parle le langage des budgets, des appels d'offres et des mécanismes de cofinancement ; il peut expliquer les choix, mais aussi dissimuler des vérités.

Bénéficiaires fictifs habitants locaux qui reçoivent des aides ; leurs témoignages bruts révèlent les effets réels des programmes sur le terrain.

Structure générale et arc narratif

Trois fils narratifs qui s'entrecroisent

1) La vérification des flux financiers et des mécanismes de financement public et privé.

2) Les témoignages sur le terrain des bénéficiaires et des travailleurs humanitaires, qui mettent en lumière les tensions entre efficacité supposée et réalité vécue.

3) Le dilemme moral et journalistique jusqu'où dévoiler les détails sensibles tout en protégeant les personnes vulnérables et en évitant de mettre en danger des sources.

Moment-clé une conférence régionale et des visites de terrain où des promesses publiques contredisent les traces documentaires et les témoignages des rescapés.

Scène 1 — Le lieu et l'ambiance du "bien faire"

Lieu un centre communautaire géré par Aurore Solidaire, aménagé comme un espace d'accueil temporaire pour des populations locales et des bénéficiaires potentiels.

Atmosphère odeur de café réchauffé, lumière douce, affiches colorées promouvant l'espoir ; au fond, des documents polychromes recouvrent un tableau magnétique. La tension vient du contraste entre le récit global d'efficacité humanitaire et les réalités quotidiennes des bénéficiaires qui attendent des services parfois inconsistants.

Action Léa et Milo assistent à une séance d'orientation des bénéficiaires, où des mots tels que "cohérence des programmes", "sécurité alimentaire" et "accès aux soins" dominent, mais où les gestes et les délais contredisent le discours officiel.

Dialogues

RSS "Nous travaillons avec des partenaires locaux pour maximiser l'impact ; les indicateurs montrent une amélioration graduelle des conditions de vie."

Bénéficiaire local “On nous promet des paniers alimentaires ; nous les recevons parfois après des semaines, et d’autres fois pas du tout. Personne ne nous explique les retards, ni comment les priorités sont décidées.”

Léa “Pouvez-vous décrire, pour nous, le processus d’allocation des ressources et les critères de distribution ? Comment voyez-vous les retours des bénéficiaires dans les rapports ?”

Indices et indices sensibles

Des références à des “partenaires affiliés” et à des “cofinancements” qui ne s’accordent pas clairement avec les livraisons réelles ;

Des documents internes évoquant des “optimisations opérationnelles” et des “résultats visibles pour les bailleurs de fonds” qui ne coïncident pas toujours avec les besoins locaux.

Scène 2 — Les chiffres qui rassurent et les chiffres qui trahissent

Lieu bureau opérationnel d’Aurore Solidaire, rempli de dossiers, imprimantes, et de boîtes de fichiers classées par zones géographiques.

Action Léa passe au crible les rapports annuels et les tableaux de bord ; Milo croise ces chiffres avec des listes de bénéficiaires et des données de distribution locale.

Dialogues

Léa “Regarde les indicateurs d’impact réduction des niveaux de pauvreté, augmentation des visites médicales, amélioration de l’accès à l’eau potable. Tout cela est très positif, mais les chiffres ne racontent pas les retards ni les exclusions qui persistent sur le terrain.”

RSS “Nos rapports se basent sur des contrôles indépendants. Nous faisons tout pour la transparence.”

Expert financier fictif “Les programmes d’assistance se montent en partenariats ; les flux financiers doivent d’abord passer par des étapes d’audit, puis être alloués. Les retours visibles peuvent prendre du temps et être décalés par rapport aux besoins immédiats.”

Indices

Des écarts entre les dépenses projetées et les dépenses réelles qui ne se justifient pas par des variations de besoins ;

Des transferts de fonds comptabilisés comme “frais administratifs” ou “frais de logistique” sans lien clair avec les achats d’aide.

Sensations ambiance feutrée mais tendue ; l’odeur d’encre des impressions et l’humidité de la pièce contrastent avec l’apparente clarté des chiffres.

Scène 3 — Témoignages sur le terrain l’effet-boomerang du “bien faire”

Lieu lieux de distribution et de consultation médicale mobile, où les bénéficiaires racontent leur expérience.

Action Des témoignages directs d’habitants qui expliquent comment les aides, bien que bien intentionnées, se transforment en lenteurs bureaucratiques et en attentes interminables.

Dialogues

Bénéficiaire A “On nous dit que tout est digitalisé ; mais pour obtenir une aide, il faut des documents que certains n’ont pas, ou qui ne correspond pas à notre cas.”

Travailleur social fictif “Les fonds arrivent, mais les procédures de validation prennent du temps et laissent des personnes sur le côté.”

Léa “Comment les décisions d’allocation sont-elles prises ? Qui surveille les retours et les évaluations ?”

Indices

Cartes d’éligibilité qui semblent réutilisées, listes de bénéficiaires qui changent sans justification, et des retours d’enquêtes qui parlent de “critères subjectifs” en lieu et place de standards clairs.

Atmosphère regard des bénéficiaires lourds de doute et d’espoir ; l’odeur des aliments distribués et le bruit des files d’attente créent une scène d’élan et d’épuisement à la fois.

Scène 4 — Le système de surveillance déléguée

Lieu une salle de contrôle secondaire où des opérateurs suivent les indicateurs de performance et les appels aux secours locaux.

Action Léa observe des écrans ; Milo décode des réseaux de partenaires ; ensemble, ils repèrent une logique d'observabilité le système mesure ce qui peut être mesuré, mais ignore ce qui est difficile à quantifier (confiance, sentiment de sécurité, dignité).

Dialogues

Léa “Les indicateurs sont conçus pour montrer l'efficacité, mais où est la trace des retours négatifs ? Où se trouve la mesure de la satisfaction réelle des bénéficiaires ?”

RSS “L'évaluation est complexe ; les retours des bénéficiaires entre en tension avec les objectifs et les contraintes budgétaires.”

Expert G. “Souvent, les bailleurs demandent des chiffres simples et lisibles ; les données qualitatives sont plus difficiles à cheval sur les rapports, mais pourtant elles sont essentielles pour comprendre l'impact réel.”

Indices

Rapports qui minimisent les plaintes tout en publient des chiffres positifs ; appels téléphoniques et messages qui indiquent des pressions pour atteindre des cibles plutôt que des résultats humains concrets.

Sensations l'écran émet une lueur bleutée ; une atmosphère de surveillance, comme si le lieu était un théâtre où les acteurs jouent des rôles prédéfinis.

Scène 5 — Le dilemme éthique publier ou protéger ?

Lieu salle de rédaction et cocon de coordination des sources.

Action Léa et Milo discutent du risque de publier des éléments sensibles qui pourraient mettre en danger les bénéficiaires et les employés anonymisés, tout en reconnaissant que la transparence est nécessaire pour démontrer les dérives.

Dialogues

Éditrice fictive “Si nous allons trop loin, nous risquons de fragiliser les bénéficiaires et de déclencher des représailles contre les travailleurs qui ont accepté de parler.”

Léa "Mais si nous ne faisons rien, les mécanismes qui permettent ces dérives resteront impunis ou invisibles. Notre rôle est de pousser à une réforme, pas de faire sensation sans effet."

Expert G. "Il existe des méthodes pour exposer les pratiques tout en protégeant les sources publication de chaînes de financement, anonymisation adaptée, et vérification par des rapports publics d'audit."

Indices

Des notes internes évoquent une "publication progressive" et des « dossiers structurés » qui protègent les témoins tout en montrant les patterns.

Clôture Léa décide de publier les chaînes de financement et les mécanismes, sans livrer les noms directs des bénéficiaires ou des opérateurs sensibles pour préserver la sécurité des sources, tout en préparant des annexes documentaires robustes.

Scène 6 — Annexes et documents preuves tangibles et artificielles d'un système

Lieu bureau de Léa et archives, où les documents fictifs prennent forme.

Action Léa et Milo assemblent des documents fictifs (rapports d'audit, emails internes, contrats, charts financiers) qui démontrent les schémas sans révéler d'identités sensibles.

Dialogues

Léa "Ces extraits montrent une logique de déploiement des fonds et une réorientation des financements publics vers des canaux privés. Ce n'est pas une accusation contre des personnes réelles, mais une démonstration claire d'un dispositif."

Milo "Ces pièces, accompagnées des témoignages, suffisent-elles pour nourrir une réforme ou faut-il obtenir des documents publics par des canaux institutionnels ?"

Indices

Contrats présentant des clauses ambiguës, “pilotage” par des fonds dédiés et des “cofinancements” qui passent par des sociétés écrans ; annexes de chiffres qui révèlent des marges et des transferts non justifiés par les besoins humanitaires.

Atmosphère mélange de soulagement et de prudence ; l'impression que l'enquête a franchi une étape clé, mais que l'ombre de ce qui reste à démontrer demeure.

Clôture du chapitre et transitions

Clôture émotionnelle et intellectuelle Léa rédige une synthèse dans son carnet, qui devient une articulation claire des enjeux du chapitre et un prélude à celui qui suivra.

Léa (notes finales) “Le dispositif humanitaire n'est pas une entité unique ; c'est une architecture de pratiques, de chaînes de financement et de communications qui se renforcent les unes les autres. La confiance publique que génère l'aide est un bouclier et une arme elle permet de justifier des dérives tant qu'elle demeure inaperçue ou mal comprise par le grand public. Notre travail est de démontrer que la transparence et la reddition de comptes ne sont pas des idéaux abstraits, mais des outils concrets pour prévenir les abus.”

Chapitre 7 À la frontière du doute

Géographie et logarithmes Léa suit des passages clandestins, des points de contrôle et des vecteurs de disparition. Résumé le cadre géopolitique éclaire les vulnérabilités et les choix des acteurs.

Cadre et intention narrative

Cadre spatial une frontière fictive longue comme un souffle, séparant deux ensembles urbains du Port d'Argile et d'un hinterland industriel aux codes variables. Cette frontière est autant géographique que politique postes de contrôle improvisés, corridors de surveillance privés, zones administratives qui se chevauchent avec des zones grises juridiques. Les cartes utilisées par Léa combinent des éléments réels (ports, tunnels, routes côtières) et des repères inventés pour préserver l'anonymat des lieux tout en conservant une plausibilité géopolitique.

Thème central l'influence des dynamiques géopolitiques sur les flux humains et les mécanismes économiques qui les accompagnent ; comment les décisions - publiques ou privées - créent des vulnérabilités et des « zones grises » où prolifèrent les transferts, les passages et les disparitions. Le doute n'est pas seulement méthodologique ; il devient une posture morale face à des systèmes qui manipulent les frontières pour en tirer avantage.

Tension dramatique Léa et Milo naviguent entre des entités qui jurent leur respect des lois et des acteurs qui exploitent les failles ; chaque frontière franchie révèle une nouvelle couche d'incertitude — et chaque carte dessinée expose des limites humaines et institutionnelles.

Personnages et dynamiques

Léa persévérante, elle s'appuie sur une méthode d'enquête qui conjugue données, témoignages et observations sur le terrain. Son sens de l'orientation est autant intellectuel que physique elle lit les frontières comme on lit un texte juridique, en cherchant les mots qui indiquent ce qui est permis et ce qui est interdit.

Milo analyste des flux, il combine modélisation et intuition du terrain. Son savoir-faire avec les logarithmes et les corrélations temporelles devient indispensable lorsque les morceaux de l puzzle semblent démarrer à des heures non conventionnelles ou suivre des itinéraires absurdes à première vue.

Operateur Frontière (personnage fictif, porte-parole discret d'un réseau) figure ambivalente qui semble jouer à la fois le rôle du garde-frontière et celui du facilitateur des passages ; ses choix, parfois imprévisibles, révèlent des calculs de coût et de risque qui dépassent le simple cadre logistique.

Observateurs locaux opérateurs de surveillance privés, chauffeurs, agents de sécurité portuaire fictifs, médecins itinérants. Leurs témoignages et leurs habitudes éclairent les raisons qui poussent chacun à accepter ou refuser certains itinéraires, à coopérer ou à résister.

Structure générale et arc narratif

Trois lignes d'action qui se répondent

1) Cartographie des passages clandestins et des vecteurs de déplacement cartes, itinéraires, points de contrôle, et les zones de disparition qui surgissent lorsque les traces se brouillent.

2) Analyse des facteurs géopolitiques tension entre régulations nationales et flux transfrontaliers ; comment les migrations, les crises économiques, et les alliances locales dictent les choix des opérateurs et des autorités.

3) Question éthique et narrative jusqu'où peut-on suivre des personnes et des réseaux quand les frontières deviennent des lignes de risque et de responsabilité ? Comment protéger les témoins tout en éclairant le lecteur ?

Tournants une intervention de sécurité imprévisible, une série de rendez-vous transfrontaliers, et un incident qui met en relief les dilemmes des acteurs impliqués.

Scène 1 — Le carde géographique briefing sur les passages

Lieu salle de mission improvisée, au cœur d'un bâtiment administratif, avec vue sur les zones frontières et les routes secondaires.

Atmosphère un mélange de poussière, de café fort et de cartes collées sur des murs ; des écrans clignotants montrent des flux et des alertes.

Action Léa et Milo examinent des itinéraires notés dans des carnets et des tableurs, puis les superposent à des cartes réelles et fictives pour identifier des trajectoires communes et des points de fuite.

Dialogues

Léa "Regarde ces points de passage—des heures tardives, des zones où les caméras publiques sont absentes et où des prestataires privés affichent une présence discrète."

Milo "Les flux semblent suivre des corridors administratifs, mais les décisions de franchissement dépendent des interventions de contrôleurs locaux qui prennent des décisions au cas par cas."

Operateur Frontière « Les passages clandestins ne se contentent pas d'être des routes ; ils sont des arrangements entre des acteurs qui gèrent les risques, les coûts et les gains. »

Indices

Horodatages incohérents, zones de couverture GPS qui n'existent pas sur les cartes officielles, noms d'enclaves qui disparaissent dans les documents.

Sensations le suspense naît de l'impression que chaque zone franchie réécrit les règles du jeu.

Scène 2 — Passages et disparitions les vecteurs humains

Lieu corridors urbains libellés comme des itinéraires d'urgence, plus ou moins déguisés sous des labels humanitaires ou commerciaux.

Action Des témoins anonymes décrivent des « zones grises » où des personnes passent en transit, souvent sous l'égide d'organisations qui affichent une chaîne d'aide mais fonctionnent comme des maillons d'un réseau discret.

Dialogues

Témoignage locale “On voit des arrivées nocturnes ; des personnes disparaissent ensuite, ou bien elles réapparaissent dans des lieux qui ne correspondent pas à leur destination annoncée.”

Chauffeur “On suit des itinéraires imprévus pour éviter les points de contrôle ; mais il faut parfois s’arrêter pour des vérifications qui prennent des heures.”

Indices

Photos floues et notices d’entrées/sorties qui ne correspondent pas à des destinations humaines.

Messages internes évoquant une “récupération” de ressources dans des zones franches, et des “transferts sécurisés” qui ne laissent pas de trace matérielle claire.

Atmosphère le renforcement du mystère, où chaque témoignage apporte une pièce mais pas encore le visage du qui, ni le pourquoi ultime.

Scène 3 — Le laboratoire d’observation données et incertitudes

Lieu un centre d’analyse temporaire où des données collectées sur le terrain sont croisés avec des relevés d’aides et des rapports de contrôle.

Action Léa et Milo réalisent des corrélations entre les passages et les incidents signalés par les équipes de terrain ; les données révèlent des patterns répétitifs (heures, lieux, opérateurs, types d’aide).

Dialogues

Léa “Voilà les passages coïncident avec des pics d’afflux et des pics de besoins non comblés dans les zones voisines.”

Expert en données fictif “Les vecteurs de disparition ne sont pas des accidents ; ils semblent délibérés pour créer des incertitudes qui masquent les véritables bénéficiaires.”

Indices

Séries temporelles montrant des corrélations fortes entre l’ouverture de zones de contrôle et l’apparition des flux.

Noms d’organisations qui apparaissent dans les logs comme des “partenaires techniques” sans explication claire de leur rôle.

Sensations le sentiment que la géographie est aussi une mathématique, et que les chiffres, lorsqu'ils sont bien manipulés, peuvent dessiner des itinéraires invisibles.

Scène 4 — L'enjeu politique et les choix des acteurs

Lieu réunion entre représentants locaux, opérateurs et cadres d'organisations partenaires fictives.

Action Les protagonistes assistent à des échanges où les décideurs justifient les itinéraires "pour l'efficacité et l'inclusion" tout en renforçant les contrôles et en limitant les voies publiques d'intervention lorsque les risques apparaissent.

Dialogues

Représentant local "Nous devons équilibrer sécurité et aide humanitaire ; les décisions sur les passages tiennent compte des risques et des coûts."

Léa "Et lorsque les données montrent un taux élevé de disparitions ou de détournements, comment cela peut-il être compatible avec vos objectifs ?"

Conseiller fictif "Le but est l'optimisation moins d'écart, plus d'impact mesurable. Parfois cela exige des choix qui ne plaisent pas à tout le monde."

Indices

Propositions de mesures de contrôle qui ciblent les flux mais qui, dans la pratique, réduisent l'accès des personnes vulnérables à l'aide.

Notes internes évoquant des "modèles de risque" qui ne mentionnent que les personnes en transit, pas leur dignité.

Clôture Léa comprend que les dynamiques géopolitiques, économiques et humanitaires convergent pour créer des « zones tampon » où les actions peuvent être présentées comme légitimes tout en restant ambiguës.

Scène 5 — Le doute méthodologique et moral

Lieu hôtel-like de coordination, où Léa et Milo synthétisent les informations et discutent des options publiques.

Action Ils discutent des risques de publication et des possibilités de recours institutionnels qui pourraient révéler les mécanismes sans exposer directement les personnes vulnérables.

Dialogues

Éditrice fictive “Si nous nuisons à des témoins ou à des partenaires en exposant des noms, nous risquons des représailles et des pertes de confiance ; mais sans publication, les dérives restent impunies.”

Léa “Notre approche pourrait être la publication des chaînes logistiques et des schémas de financement avec anonymisation et documentation collective ; ainsi, on montre la logique sans désigner les personnes.”

Expert G. “La solution est de combiner des preuves croisées, des visualisations publiques et des annexes documentaires qui permettent au lecteur de comprendre le cadre sans identités sensibles.”

Indices

Plans pour une diffusion graduelle des résultats, balisée par des communiqués et des rapports publics, plutôt que par des révélations directes.

Clôture Léa décide d’avancer prudemment, en privilégiant la transparence des mécanismes et des choix qui les soutiennent, tout en protégeant les sources.

Scène 6 — Clôture du chapitre cartographie morale et géopolitique

Lieu prise de vue finale sur un point de vue élevé sur la frontière, au coucher du soleil.

Action Léa et Milo dressent la cartographie finale des itinéraires et des acteurs pas un nom, mais des chaînes logistiques et des signaux qui, ensemble, montrent l’architecture du système.

Dialogues

Léa “La frontière n’est pas seulement une ligne sur une carte ; c’est un système vivant qui influe sur les vies et les choix des acteurs économiques et politiques.”

Milo “Si nous simplifions les flux, nous pourrions manquer ce que permet la complexité les interactions, les pressions, les compromis qui ne sont ni tout noir ni tout blanc.”

Indices

Des extraits de logs et des schémas qui montrent des cycles de financement, des transferts, et des relais qui, pris ensemble, décrivent une architecture complexe plutôt qu’un seul coupable identifiable.

Clôture thématique Léa note dans son carnet une phrase qui résume le chapitre et ouvre la porte au chapitre suivant.

Léa (notes finales) « À la frontière du doute, on ne cherche pas à condamner une entité unique ; on cherche à comprendre comment des systèmes s’auto-alimentent, comment les frontières deviennent des instruments et comment la confiance publique peut être instrumentalisée pour légitimer l’invisible. »

Chapitre 8 Le médecin respecté

Cadre et intention narrative

Cadre un établissement médical privé fictif de haut niveau, baptisé ici Clinique d'Aube, réputé pour ses protocoles avancés et son attention aux patients vulnérables. Derrière l'image de l'excellence, Léa va découvrir un système d'imprégnation des pratiques ordonnées par des codes internes, une forme de marquage des patients et des flux qui échappe à la traçabilité publique.

Thème central l'intégrité professionnelle ne garantit pas l'absence d'abus ; le prestige peut camoufler des compromis éthiques, des pressions institutionnelles et des mécanismes de consentement ambigu.

Tension dramatique Léa doit naviguer entre le respect des sources, la protection des patients fictifs et la nécessité de révéler des pratiques dangereuses sans détruire des vies ou exposer des témoins à des risques.

Personnages et dynamiques

Léa journaliste d'investigation rigoureuse, prête à pousser les limites de l'éthique pour démontrer les mécanismes sous-jacents et obtenir des confirmations croisées.

Dr. Armand Voss médecin de renom, directeur médical fictif, figure d'autorité dont le regard et les gestes inspirent confiance ; il devient, au fil des heures, un suspect et, paradoxalement, un témoin clé.

Responsable qualité de la Clinique d'Aube (RQA) technicienne méthodique, sceptique face à toute accusation qui pourrait miner l'image du centre ; son rôle devient ambigu lorsque ses propres liens avec le système émergent.

Assistant administratif fictif lien entre le monde clinique et le réseau d'information ; il détiendrait des détails sur les procédures internes et les dérogations qui n'apparaissent pas dans les registres publics.

Porte-parole officiel représente les communications institutionnelles ; il tente de maintenir l'ordre et la réputation tout en répondant aux coûts politiques d'un scandale potentiellement grandissant.

Structure générale et arc narratif

Trois axes parallèles

1) L'enquête documentaire logs de patients, chartes cliniques, protocoles internes, dérogations et signatures manquantes qui révèlent une procédure non transparente.

2) Les témoignages et les mises en scène de l'éthique récits de patients et de soignants sur les pratiques qui, si elles paraissent bénignes, masquent des mécanismes de pression et de contrôle.

3) Le dilemme moral et médiatique commencer à publier les mécanismes sans révéler des noms sensibles et sans mettre en danger les témoins ; décider quand et comment exposer les véritables failles.

Moment clé une inspection inopinée qui révèle des incohérences entre les chiffres affichés et les actes médicaux réels, suivie d'une confrontation avec le médecin respecté.

Scène 1 — L'arrivée du poids des gestes

Lieu cabinet privé du médecin, luxueusement sobre ; arômes discrets de cuir et de médicaments.

Atmosphère calme apparent, lumière douce, tableaux d'anatomie encadrés, et un silence pesant prêt à se briser.

Action Léa et Milo obtiennent un entretien avec Dr. Voss sous le prétexte d'un entretien sur les protocoles de consentement éclairé et l'évaluation des risques.

Dialogues

Léa "Votre réputation repose sur la rigueur et la sécurité des patients. Nous cherchons à comprendre comment les protocoles internes se traduisent dans les actes quotidiens."

Dr. Voss "Nous sommes fidèles aux principes d'éthique clinique. Toute information que vous obtenez doit être contextualisée et vérifiée."

Indices un carnet de bord personnel qui suggère des dérogations et des notes sur des "améliorations d'efficacité" en matière de temps de consultation ; des horodatages qui ne coïncident pas avec les plannings officiels.

Sensations Léa ressent le poids du regard du médecin et la tension d'un échange qui pourrait soit renforcer l'image, soit la dissoudre.

Scène 2 — Le marquage des patients indices et métaphores

Lieu salle de documentation, près des archives climatisées.

Action Léa découvre des éléments suggérant un « marquage » des patients, non pas physiquement, mais à travers des codes internes, des codes de traitement, et des paramètres qui ne font l'objet d'aucune mention publique.

Dialogues

Milo "Regarde ceci des codes qui apparaissent dans les dossiers médicaux et qui ne correspondent à aucune procédure standard ; on dirait un système d'étiquetage interne."

RQA "Chaque patient reçoit un code unique pour faciliter le suivi longitudinal ; ce n'est pas inhabituel dans les grandes cliniques."

Léa "Mais s'il y a des codes qui renvoient à des populations spécifiques ou à des traitements qui ne sont pas documentés publiquement, cela mérite une explication."

Indices

Dossiers anonymisés qui recoupent des codes avec des flux financiers et des transferts d'interventions non publiées ; allusions à des "protos et protocoles d'embellissement des chiffres" dans des échanges internes.

Sensations la lumière froide, le bourdonnement des serveurs ; la sensation d'être observés par un système qui peut choisir de tout révéler ou de tout cacher.

Scène 3 — Confrontation et rupture l'éthique contre la pression

Lieu salle de rédaction improvisée, plus tard dans la journée.

Action Léa confronte Dr. Voss avec les documents et les témoignages ; la discussion tourne autour de la validité éthique des pratiques et des dérogations.

Dialogues

Léa “Si vos protocoles exigent des dérogations, comment s’assurer que cela ne se transforme pas en pratique courante qui déplace le cadre éthique ?”

Dr. Voss “Les dérogations existent, mais elles sont encadrées par des comités et des audits internes. La sécurité des patients prime.”

Léa “Et si ces audits ne reflètent pas la réalité vécue par les patients ? Si les chiffres montrent de l’amélioration, mais que des cas critiques échappent à la surveillance ?”

Indices

Signatures manquantes dans des dérogations, ou signatures anonymisées ; notes évoquant “amélioration perçue” et “résultats visibles pour les bailleurs”.

Clôture Dr. Voss refuse d’entrer dans certains détails, invoquant la protection des patients et le secret médical ; Léa note la résistance comme facteur clé de l’enquête.

Scène 4 — Témoignages et contradictions les patients qui résistent

Lieu unités de consultation et salles de traitement temporairement visitables.

Action Des patients documentent des expériences qui semblent positives en surface mais révèlent des aspects problématiques lorsque l’accès au suivi s’interrompt ou devient conditionnel.

Dialogues

Patient A “On nous dit que tout est fait pour nous aider, mais quand le suivi manque, on se retrouve à devoir payer pour des consultations qui devraient être gratuites.”

Médecin adjoint fictif “Le système est complexe ; les données publiques montrent une amélioration générale ; mais nous devons parfois alléger des charges administratives pour répondre à l'augmentation de la demande."

Indices

Dossiers qui indiquent des frais cachés, des "coûts administratifs" réattribués comme des frais de service ; témoignages de patients qui décrivent des retards dans les soins.

Atmosphère le contraste entre l'empathie affichée et la réalité des retards et des coûts qui empêchent l'accès équitable.

Scène 5 — Le dilemme de publication et la protection des sources

Lieu salle de lecture et comité éditorial fictifs.

Action Léa et Milo évaluent les risques de publication des informations sensibles, y compris les noms, les entités et les mécanismes qui pourraient exposer des témoins.

Dialogues

Éditrice fictive "Nous avons des preuves solides, mais publier sans noms peut réduire l'impact ; publier avec noms sensibles pourrait mettre des personnes en danger."

Léa "Nous pouvons proposer une publication des mécanismes et des schémas, accompagnée d'annexes, et utiliser des matrices anonymisées pour préserver les témoins."

Expert G. "La transparence peut se faire par des chaînes logistiques et des descriptions des mécanismes sans désigner des individus ; cela permet de forcer des réformes sans risquer la sécurité des sources."

Indices

Plans pour une diffusion progressive, avec une série de communiqués et d'annexes qui identifient les mécanismes mais pas les personnes.

Clôture Léa choisit une approche graduelle qui privilégie l'exposition des processus et la protection des témoins, tout en laissant des possibilités de révéler des noms via des canaux institutionnels et des audits publics.

Chapitre 9 Les noms qui s'éteignent

Cadre d'ensemble

Suite aux chapitres précédents, Léa et Milo poussent l'enquête au-delà des chiffres pour toucher les vies réelles qui se cachent derrière les codes. Ce chapitre approfondit une confrontation inattendue avec un témoin clé, étoffe les annexes documentaires et introduit une perspective hors champ plus explicite avec Observateur O, sans jamais révéler les identités sensibles. Le dispositif vise à démontrer que la mémoire des victimes ne se résume pas à des données elle mérite une narration précise, respectueuse et vérifiable.

Scène 1 — Confrontation approfondie le témoin qui refuse le discours officiel

Lieu salle de réunion neutre, Bureau Central des Enquêtes Locales, éclairage froid, table blanche, enregistrements activés.

Personnages présents

Léa journaliste d'investigation, méthodique, prête à pousser les questions jusqu'au point de rupture du cadre éthique.

Milo analyste, spécialiste des flux, lecteur infatigable des documents, apte à décomposer les mécanismes en temps réel.

Témoin T1 figure anonymisée dans les documents internes ; identité protégée ; sa voix devient la porte d'entrée vers une réalité locale non reflétée dans les rapports publics.

Déroulé de la confrontation (version longue)

Début de séance

Léa "Nous sommes ici pour comprendre, pas pour condamner sans preuves. Votre anonymat est assuré, mais votre témoignage doit être exploitable pour montrer ce qui se passe réellement sur le terrain."

Témoin T1 s'avance, hésite, puis prend une respiration longue.

Exposé des motifs

Témoin T1 "Dans mon quartier, on parle de 'déploiement efficace' et d' 'optimisation des flux'. Ce qui se voit dans les rapports, ce qui se lit dans les statistiques, n'est qu'une façade. Le vrai travail se fait dans les couloirs, où l'on décide qui reçoit quoi et quand ; et qui doit attendre. Ce n'est pas juste une question de délais ; c'est une logique qui privilégie l'adaptation budgétaire et les priorités locales."

Questionnement technique

Léa "Pouvez-vous décrire une situation précise où une pratique a été déviée des protocoles ? Qui a pris cette décision et quels documents la légitimaient ?"

Témoin T1 "Un exemple récent une patiente âgée est arrivée pour une 'évaluation rapide', et a été inscrite dans un registre de suivi différent, prétendument 'pour optimiser l'allocation des ressources'. Le suivi a été interrompu après deux semaines ; le dossier a été déplacé vers une autre unité sous le motif 'redistribution des charges'. Pas de justification publique suffisante, mais des notes internes indiquant que 'l'intervention devait être accélérée pour les chiffres trimestriels'."

Décryptage des mécanismes

Milo, montrant des extraits "Regardez ces entrées dans le système des dérogations 'd'urgence' sur des périodes de pic ; signatures qui se recroisent entre des comités locaux et des cabinets qui n'ont pas de mandat direct dans les procédures publiques ; et des destinataires qui réapparaissent sous des noms différents mais qui gèrent les mêmes postes de distribution."

Contrainte et pression

Témoin T1 "On m'a rappelé, à plusieurs occasions, que 'retenir une affaire trop longtemps pourrait attirer l'attention des bailleurs' ; on m'a dit aussi que 'certains retards seraient tolérés si cela permettait d'éviter de révéler des segments sensibles du système'. Ce n'est pas une théorie c'est du vécu quotidien."

Péripéties émotionnelles et éthique

Léa "Si vous pouviez nommer une pratique précise sans révéler d'identité, cela permettrait au lecteur de comprendre le mécanisme sans mettre qui que ce soit en danger."

Témoin T1 “Il y a eu un cas où une patiente a été placée dans un ‘module de distribution accélérée’ sans évaluation complète. On promettait une aide immédiate, mais le système a déplacé sa prise en charge vers un canal moins visible, et le suivi a été réduit à une ligne dans un tableau — sans récit humain derrière.”

Léa “Et qui a approuvé ce déplacement ?”

Témoin T1 “Des membres de comités locaux ; les documents montrent des ‘décisions opérationnelles’ signées par des postes qui, sur le papier, existent ; en réalité, ce sont des ordres qui circulent entre des entités sans identité publique claire.”

Point de tension culminant

Léa “Votre témoignage peut être vérifié par des documents ; vous pouvez choisir de préserver votre sécurité et néanmoins exposer la logique locale qui malmène les principes éthiques.”

Témoin T1 “Je veux être clair ce n’est pas une accusation contre une personne ; c’est une démonstration d’un système. Si je parle, je peux être exposé à des représailles indirectes — pas directes — mais suffisantes pour dissuader d’autres témoins.”

Clôture de la scène T1

Léa résume, sur le mode posé et précis “Merci pour votre courage et votre précision. Nous allons vérifier chaque point et intégrer vos éléments dans les annexes, tout en protégeant votre anonymat et les détails qui pourraient mettre en danger d’autres personnes.”

Impact narratif et implications

Transparence vs sécurité

Le témoignage offre une démonstration claire que les dérogations et les ‘exceptions’ ne sont pas des anomalies mais des rouages d’un système plus large, où la sécurité des personnes et l’efficacité des procédures peuvent entrer en tension avec les droits et la dignité des bénéficiaires.

Construction narrative

Le lecteur voit comment une voix locale peut éclairer des phénomènes invisibles dans les rapports institutionnels, et comprendre que les mécanismes de dérive ne s'arrêtent pas aux chiffres, mais s'enracinent dans des pratiques quotidiennes, souvent répétitives et socialement normalisées.

Conclusion de scène

Léa et Milo enregistrent une promesse leur enquête fera apparaître les mécanismes et les dynamiques sous-jacentes sans révéler l'identité des témoins ; l'authenticité des récits sera renforcée par des documents annexes vérifiables et des visualisations publiques.

Scène 2 — Annexes fictives étendues outils et preuves

Objectif étoffer les annexes avec du contenu supplémentaire, tout en restant dans le cadre fictionnel et respectueux des principes éthiques.

Annexe A — Fiche témoin anonymisée (version enrichie)

Code témoin T1-ALB-V2

Profession travailleur social local, observateur des flux humanitaires

Dossier "Anonymisation renforcée ; témoignages et écrits protégés"

Parcours narratif (résumés non identifiants)

"Les retards dans la distribution créent un effet domino sur les familles ; certains bénéficiaires reçoivent des aides à des jours différents, ce qui compromet la continuité des soins."

"Les dérogations se présentent comme des 'urgences', mais elles deviennent des pratiques standardisées sans justification publique clair."

Footnotes méthodologiques

Enregistrement des échanges sous pseudonymes ; polycopiés pour vérification, avec extraits non identifiables.

Lien vers les documents internes qui corroborent les témoignages, sans révéler les identités.

Annexe B — Extraits de journaux internes fictifs (version longue)

Entrée 3 (mai, année fictive) “Révision des priorités de distribution en zone X. Observations les retours des bénéficiaires montrent des lacunes évidentes dans le suivi ; les rapports de terrain contiennent des données manquantes concernant les bénéficiaires non répertoriés.”

Entrée 4 (juin, année fictive) “Plan d’audit interne – Focus sur les dérogations ‘d’urgence’. Résumé multiplication des cas individuels masqués par des motifs techniques ; les preuves humaines se trouvent dans les chronologies mais manquent dans les enregistrements publics.”

Annexe C — Chartes et charts fictifs (version étendue)

Chart N°1 — Parcours de distribution et retards zones, retards moyens, et corrélations avec les interventions d’audit.

Chart N°2 — Décomposition des dérogations catégories (urgentes, sécuritaires, logistiques), fréquences et durées.

Chart N°3 — Traçabilité des flux liaisons entre les codes anonymisés et les mouvements qui n’apparaissent pas dans les rapports publics.

Annexe D — Extraits de mails internes (version élargie)

Mail A “Préparer le narratif des projections ne pas exposer les noms ; privilégier les chaînes de mécanismes et les patterns.”

Mail B “Demande d’éclairage sur les retards dans la distribution et les justifications des ‘délégations’ ; les réponses doivent rester générales et non nominatives.”

Mail C “Règles pour l’anonymisation des témoins maintenir le niveau de protection, tout en permettant la vérification croisée des faits par des chercheurs externes.”

Annexe E — Visualisations pour lecteurs (version enrichie)

Graphique 1 — Flux de ressources montre comment l’argent et les dons se déplacent entre les acteurs sans révéler les bénéficiaires finaux.

Graphique 2 — Indicators retards moyens et taux de couverture, avec des filtres par zone et par période.

Carte interactive (description) itinéraires des distributions avec des couches d'information qui peuvent être activées par le lecteur sans révéler les identités.

Scène 3 — Perspective Observateur O une scène clé explicitant la surveillance

Cadre et fonction

Observateur O est désormais introduit comme présence persistante et discrète, qui transmet des indications à Léa et Milo sans jamais interagir physiquement avec eux.

L'objectif est d'ajouter une couche de tension et de mystère, tout en protégeant les témoins et les sources.

Extraits narratifs

Scène sur la terrasse (hors champ)

Observateur O écrit dans son carnet "Ce qu'ils cherchent n'est pas seulement la vérité ; c'est la structure qui donne sens à la vérité. Ils pensent que les chiffres racontent tout ; je sais que ce n'est pas le cas."

Transmission cryptée

Observateur O découvre une faille dans le système et dépose, de façon furtive, une clé USB dans un conduit discret. Léa reçoit un fichier crypté qui contient des extraits de journaux internes et des visualisations supplémentaires.

Rencontre symbolique

Observateur O observe Léa et Milo quitter une zone de travail ; son regard se porte sur les annexes et les charts qu'ils emportent ; il se demande si leur travail mènera à une vraie réforme ou s'il restera une lumière dans l'obscurité.

Fonction et densité narrative

Tension réfléchie

Observateur O n'est pas un antagoniste ni un allié il agit comme une conscience silencieuse qui rappelle que l'observation peut être une forme de protection et que les conséquences de ce que disent et font les enquêteurs se mesurent aussi dans les regards et les mouvements hors champ.

Déclencheur potentiel

La clé USB constitue un déclencheur narratif elle peut être utilisée par les autorités pour déclencher des audits publics, ou par les enquêteurs pour recouper des informations sensibles sans exposer les témoins.

Chapitre 10 — Urgences comme marchandise

Le vacarme des chiffres

Léa observait les écrans dans la salle d'audit du centre hospitalier comme on regarde un cœur battre sous un moniteur.

Sur la paroi, des graphiques s'illuminaient par vagues : "Flux entrants", "Durée moyenne de séjour", "Taux d'efficience budgétaire".

Derrière chaque chiffre, elle savait qu'il y avait une respiration réelle, un corps, un cri contenu.

Le rapport qu'elle tenait entre ses mains portait le titre sec d'un manuel comptable :

"Optimisation des ressources en contexte d'urgence sanitaire".

Mais entre les lignes, elle lisait une autre langue : celle du rendement appliqué au soin.

"Chaque minute économisée sur un acte médical représente un gain moyen de 0,18 unité logistique."

"Les interventions classées non prioritaires peuvent être différées sans risque réputationnel."

Ces phrases, issues d'un document de gestion interne, pesaient comme du plomb.

Elles parlaient d'êtres humains comme d'éléments de stock, d'interventions comme de "segments de marché sous contrainte".

Léa relut la note marginale griffonnée à la main :

"L'urgence est devenue un produit. Son temps de réaction se vend."

C'était le cœur du chapitre qu'elle cherchait à écrire — la mutation d'un idéal de soin en mécanique de profit.

Le marché du secours

Un technicien rencontré sur le terrain, Philippe, lui avait confié sa vérité d'une voix basse, presque coupable.

« Les appels ne sont plus triés selon la gravité, mais selon la solvabilité. Tu comprends ? Ce n'est pas dit officiellement, mais l'algorithme favorise les contrats assurantiels. On appelle ça la priorisation paramétrée. »

Il travaillait dans une plateforme de régulation médicale sous-traitée par un opérateur privé.

Devant lui, quatre écrans alignés, chacun affichant des alertes — rouges, orange, grises.

Rouge signifiait urgence vitale ; gris signifiait non rentabilisé.

Et les gris s'accumulaient, interminables, comme une file d'attente invisible.

Léa avait noté chaque mot de ce témoignage.

Il ne s'agissait plus seulement d'un dysfonctionnement : c'était un modèle économique.

Les "urgences" étaient devenues un flux tarifé, calibré sur les marges, rationalisé par la donnée.

Une intervention rapide sur un patient "priorisé" rapportait davantage qu'une prise en charge lente et humaine sur un cas complexe.

"Nous ne soignons plus, nous optimisons."

Cette phrase, répétée par plusieurs agents, résonnait comme une condamnation.

Dans son carnet, Léa écrivit :

« Le temps n'est plus médical, il est monétaire. »

L'hôpital comme zone franche

Dans la cour du centre hospitalier, des containers blancs avaient été installés en urgence, comme des modules provisoires.

Mais cela faisait trois ans qu'ils étaient là.

On les appelait unités mobiles de traitement accéléré.

Chaque patient y passait moins de dix minutes — diagnostic, stabilisation, transfert.

Les infirmières les surnommaient ironiquement : les drive-in du soin.

Un jour, Léa suivit l'une d'elles, Élodie, jusqu'à l'intérieur d'un de ces modules.

La pièce était propre, silencieuse, mais sans âme : néons froids, odeur d'alcool et de plastique.

Une femme âgée attendait, seule, sa perfusion.

Un écran au mur indiquait le temps de passage restant : 07:32 minutes.

« On nous a demandé de réduire la moyenne à sept minutes par patient », souffla Élodie.

« Et si elle a besoin de plus ? »

« Alors on note "transfert différé". Ça veut dire qu'elle attend ailleurs, sans qu'on compte son temps ici. »

Les chiffres gouvernaient tout.

Le soin était devenu un algorithme de productivité, et le temps un indicateur de performance.

Léa sentit une colère froide monter.

Ce n'était plus une défaillance — c'était une politique.

L'urgence, jadis un espace de solidarité immédiate, se transformait en laboratoire du capitalisme humanitaire.

Rapports et contre-rapports

Dans la salle de rédaction, la table croulait sous les dossiers : rapports publics, audits internes, contrats de délégation.

Sur l'un d'eux, on lisait en lettres discrètes : Partenariat public-privé – Unité de réponse rapide (URR).

Le document vantait l'efficacité des "modèles hybrides" et l'usage de l'intelligence artificielle pour allouer les ressources médicales selon la valeur socio-économique du bénéficiaire.

Léa lut à voix haute, incrédule :

« Le système de notation permet d'établir une hiérarchie de prise en charge tenant compte de l'impact budgétaire global. »

Autour d'elle, le silence s'alourdit.

Milo, son assistant, murmura :

« Ça veut dire qu'ils chiffrent la vie. Qu'ils calculent la rentabilité d'un battement de cœur. »

Elle hocha la tête.

L'expression “compression des soins” prenait soudain un sens littéral : réduire, ajuster, filtrer jusqu'à ce qu'il ne reste que la partie rentable du vivant.

Pour illustrer le propos, elle inséra dans ses notes un extrait d'entretien d'un cadre hospitalier, resté anonyme :

“On nous répète que l'urgence doit être fluide. Mais cette fluidité, c'est celle du profit, pas du soin.”

Le coût humain

Les visages se bousculaient dans sa mémoire : Élodie, Philippe, A., le témoin du port, et tant d'autres.

Tous disaient la même chose avec des mots différents : on épuise les vivants pour rentabiliser leur survie.

Une nuit, Léa retourna dans le service.

Un jeune homme était allongé sur un brancard, les yeux ouverts vers le plafond, une perfusion lente au bras.

Il murmura :

« On m'a dit d'attendre... qu'il fallait d'abord valider mon code d'assurance. »

L'infirmière s'excusa, honteuse :

« Le protocole impose la vérification avant perfusion. Sinon, l'acte n'est pas compté. »

Ce soir-là, Léa comprit que la frontière entre urgence médicale et urgence économique avait disparu.

Tout s'était fondu dans une même équation : soigner = produire.

Elle nota dans son carnet :

“Les êtres deviennent des unités de rendement. Le soin n'est plus un devoir, mais une transaction.”

Notes de terrain — la fabrique du silence

Plus tard, un mail anonyme lui parvint.

Objet : “Pour que vous compreniez ce que nous faisons taire.”

Le message contenait des extraits de formation interne :

“Le personnel doit éviter les expressions émotionnelles en interaction client.”

“Les soins d’urgence doivent être formulés comme prestations.”

“Le mot ‘patient’ peut être remplacé par ‘client en phase critique’.”

Léa ferma les yeux.

Ces phrases étaient d’une froideur chirurgicale.

Elles sonnaient comme une prophétie : un monde où la compassion serait remplacée par la conformité.

Dans la marge de son cahier, elle écrivit :

“Ce que nous appelons urgence est désormais un service premium.”

Synthèse — Le rendement de la détresse

Au petit matin, Léa s’installa devant son ordinateur pour rédiger ses conclusions.

Le port, les flux, les témoins, les soignants — tout convergeait vers un même constat :

l’urgence n’était plus un cri, mais un produit.

“Les plateformes d’appel sont devenues des marchés régulés.

Les lits d’hôpital, des unités de production.

Les soignants, des opérateurs sous quota.

Et les patients, des clients soumis à la loi du rendement.”

Elle savait que ce texte aurait un coût : celui de la vérité.

Mais le récit devait exister — pour que les chiffres cessent de parler seuls.

Elle tapa la dernière phrase, celle qui clôturerait le chapitre :

“Dans ce monde, on mesure la vie au centime près. Et chaque minute de retard devient une faute économique.”

Puis elle posa son stylo et regarda le lever du jour.

Le ciel, pâle et vaste, lui rappela que malgré tout, il restait un espace où la logique du profit ne pouvait rien : celui de la conscience.

Chapitre 11 — Le rial des réseaux

Le couloir humide de l'immeuble administratif tremblait à chaque pas des journalistes qui s'amoncelaient à la porte des archives. On entendait au loin le cliquetis monotone des plafonds et le ronronnement sourd d'un climatiseur ancien, comme si l'immeuble lui-même retenait son souffle avant le dévoilement d'un secret trop lourd. Dans la salle des Index, éclairée par une lampe défectueuse qui projetait des halos orangés sur les rangées de classeurs, un informateur clé apparaissait enfin sous la lumière, mince silhouette enveloppée dans un pardessus trop grand, les mains tremblantes mais les yeux fermement cloués sur son interlocuteur.

Le nom qu'on n'osait prononcer venait de résonner dans les couloirs des agences de sécurité depuis des mois, un murmure qui, sous la plume des enquêteurs, prenait l'allure d'un présage. Aujourd'hui, ce nom devenait tangible, et avec lui, un faisceau d'informations qui dessinerait, peut-être pour la première fois, les contours réels d'un réseau que personne n'avait encore osé affronter sans trembler.

L'informateur, qu'on surnommait Theographer dans les cercles internes, s'avança vers la table de conférence. Ses pas sonnaient comme des secondes qui s'égrènent, précieuses et irréversibles. Il replia sa veste et pris une profonde inspiration avant de poser, sans préambules, une mallette usée garnie de cuir jauni. "Il faut commencer par le plus petit fil pour comprendre le tissage," dit-il d'une voix basse, presque un souffle. "Chaque nœud est une histoire individuelle ; chaque histoire est une preuve possible."

Aussitôt, des photographies confidentielles furent étalées sur la table captures de transactions, relevés de communications, enregistrements de réunions tenues dans des lieux dissimulés, loin des projecteurs des médias. Les visages restaient flous, sauf quelques fragments qui, pris individuellement, révélaient des détails presque banals et pourtant explosifs des montants surnuméraires dans des feuilles de budget, des horodatages qui ne coïncidaient pas avec les activités déclarées, des trajets qui faisaient passer des flux financiers par des circuits atypiques.

Le document qui allait devenir le cœur du chapitre n'était pas une preuve isolée mais un assemblage d'ombres qui, une fois réunies, formaient une silhouette lisible le rial des réseaux. Le terme circulait déjà dans les échanges officieux, une métaphore qui évoquait à la fois valeur et lien, liquide et fragile, aussi bien que l'importance des contrôles pour éviter que l'ensemble ne se transforme en un monolithe d'injustice. Le rial était ici l'unité de mesure des échanges, des promesses et des sourires qui dissimulaient des intentions bien plus cyniques qu'un contrat formel. C'était le taux, en vérité, du pouvoir que certains avaient acquis sur d'autres, par le biais de l'information, des influences, des facilités accordées ou achetées.

Le premier dossier présenté par l'informateur portait sur un opérateur local, symbolisé par l'anonymat des chiffres et des initiales. Cet opérateur, dont l'activité semblait au premier abord légitime — fourniture de services, plug-and-play technique, réseau logistique — cachait en réalité une capacité organisée à influencer des décisions publiques et privées. L'informateur décrivit alors le mécanisme des paiements dissimulés sous des lignes budgétaires de "services consultants", des flux qui ne passaient pas par la traçabilité habituelle, et des correspondances cryptées qui, une fois décryptées, révélaient un consensus tacite entre des opérateurs locaux et des acteurs internationaux intéressés par la préservation d'un statu quo favorable à leurs intérêts.

"Les opérateurs locaux jouent le rôle d'aimants," expliqua Theographer, "ils attirent les transactions, sécurisent les points d'entrée, et surtout, ils savent où pousser les doigts lorsque le système se retourne contre eux." Il montra sur une carte dépliable des itinéraires de flux de données et de fonds, qui passaient par des hubs régionaux, des centres de maintenance reformulés en salles des marchés, et même par des intermédiaires qui opéraient sous le couvert de "charte de coopération" entre entreprises prétendument concurrentes.

Le chapitre prit alors la tournure d'un récit à plusieurs voix. Un agent de sécurité, dont la mémoire semblait s'effriter sous l'effet de l'angoisse et des nuits sans sommeil, se leva et raconta une série d'incidents qui, pris ensemble, ne pouvaient plus être ignorés. "Chaque fois qu'une décision de régulation tombait, il y avait un flux de contre-signatures qui apparaissait dans les délais les plus étranges," dit-il. "Les mêmes noms revenaient, non pas comme témoins ou suspects, mais comme maillons invisibles d'un système où l'apparence de conformité était une façade pour des accords tacites."

Les échanges furent parfois techniques, parfois poétiques dans leur cruauté. Un document mentionnait le concept de "portails" — des points d'entrée physiques et numériques par lesquels les informations et les ressources circulaient sans contrôle effectif. Autour de la table, les entendements tacites se dissipaient et revenaient en forme de questions pressantes qui avait autorité pour bloquer un flux ? qui pouvait, sans encourir de réelles conséquences, "dévier" une transaction ? et surtout, qui utilisait ces flux comme levier pour obtenir des privilèges ou des exemptions dans des procédures publiques ?

À mesure que les preuves s'accumulaient, le récit s'enrichissait de détails humains des agents internes, des cadres moyens et des opérateurs techniques qui, pris au piège entre loyautés professionnelles et appâts financiers, avaient cédé à une logique simple mais dangereuse que ce soit en échange d'un salaire mensuel, d'un avantage personnel ou d'une promesse d'avenir, l'argent et l'information devenaient des outils pour forger des alliances qui dépassaient les frontières, et parfois même les lois.

Le chapitre s'attarda ensuite sur la dimension internationale du problème. Il n'était pas question de malversations « nationales » isolées, mais d'un réseau transfrontalier où les acteurs, bien que physiquement dispersés, s'échangeaient des modèles de fonctionnement des procédures de conformité qui semblaient rigoureuses en apparence, mais qui, dans leur application pratique, laissaient des marges d'action à ceux qui savaient lire les lignes non imprimées des règlements. Le rial des réseaux prenait alors une tournure spéciale lorsque l'informateur mit en évidence les "points d'ancrage" qui reliaient des sociétés opérant dans différents pays à des aventures communes des contrats publics simulés, des marchés consolidés par des ententes informelles, et des circuits qui faisaient voyager les ressources par des itinéraires qui n'avaient, en réalité, que peu à voir avec leur destination initiale.

"Les connivences locales ne prospèrent pas dans le vide," poursuivit l'informateur, les doigts parcourant le contour d'une carte où les trajets des flux semblaient suivre des serpents invisibles. "Elles se nourrissent de la routine bureaucratique les feuilles de route mal étiquetées, les appels qui restent sans réponse, les documents qui arrivent en retard, les signatures qui ne se recouvrent pas, tout cela devient, en somme, une infrastructure d'appui pour des arrangements qui ne prennent forme que lorsque tous les éléments permettent à l'accord de s'imposer."

Le chapitre explorait aussi la fragilité de la justice dans un système où les preuves sont nombreuses mais dispersées, et où la conclusion d'un dossier peut être retardée par des questions de compétence, de juridiction, ou d'un simple manque de transparence. La démonstration devenait alors presque ironique plus les réseaux s'étendaient et plus il devenait difficile de prouver une chaîne de responsabilités unifiée ; mais paradoxalement, cette même complexité rendait impérative la consolidation de documents solides — trilogies de documents, vérifications croisées et archivages méticuleux — afin que la justice puisse, malgré tout, s'affirmer avec clarté et précision.

Le narrateur introduisit une série d'analyses internes des mécanismes de contrôle audit interne, traçabilité digitale, et les limites des systèmes d'éthique d'entreprise. On détailla comment des "certifications" destinées à rassurer les partenaires internationaux pouvaient devenir des leurres, si elles étaient perverties par les acteurs qui les manipulent pour gagner du temps, contourner les règles ou obtenir des faveurs indébattables. Le rial, dans cette vision, était moins une monnaie qu'un miroir il reflétait les intentions, les ambitions et les fragilités d'un ensemble d'organisations qui, loin d'être des entités isolées, tissent des réseaux de dépendances mutuelles.

L'informateur cita alors des micro-exemples, presque triviaux pris séparément, mais révélateurs pris collectivement. Une réunion tenue dans une salle de conseil, où une proposition de modernisation du système de paiements fut reportée d'une semaine après qu'un petit groupe de décideurs eut reçu des communications qui semblaient anodines mais qui, lorsqu'on les lisait entre les lignes, indiquaient une préférence pour un fournisseur susceptible d'apporter des garanties additionnelles au réseau. Une autre fois, des équipes techniques avaient volontairement "géré" des incidents mineurs à des heures tardives afin d'éviter la supervision des audits, créant ainsi une fenêtre dans laquelle des ajustements algorithmiques auraient pu être opérés sans contrôle ferreux.

Le chapitre se termina sur une note ambivalente l'informateur, dont le visage était désormais marqué par la fatigue mais dont la détermination restait intacte, souleva la question des documents solides comme seules garanties disponibles face à la complexité croissante des réseaux. "La vérité est multiple et fragmentée," déclara-t-il. "Mais une réalité ne peut être jugée que si elle est appréhendée sous tous ses angles, et si les preuves restent accessibles, traçables et vérifiables. Sans cela, la justice devient une théorie qui se dérobe au moindre souffle de vent."

Le dernier passage décrivit une scène presque poétique le clair-obscur des archives, les pages qui se tournent comme des ailes de papillon, et ces notes qui, rangées dans des chemises marquées par le temps, semblaient attendre le jour où quelqu'un aurait le courage de les assembler en un récit cohérent. Le rial des réseaux, dans cette vision, devenait le symbole d'un système où les liaisons entre acteurs locaux et internationaux ne sont pas seulement des transactions, mais des promesses implicites de pouvoir. Et la véritable justice, disait l'informateur, dépendrait de la capacité des enquêteurs et des rédacteurs à documenter ces promesses avec une rigueur qui ne laisse aucune porte ouverte au doute.

En quittant la salle des archives, la lumière vacillante du couloir semblait désormais moins menaçante et plus résignée elle accompagnait un chapitre qui, loin d'offrir une fin spectaculaire, proposait une porte d'entrée vers une compréhension plus nuancée des mécanismes de pouvoir qui gouvernent les réseaux. Le rial, désormais entendu comme une métaphore vivante, continuerait d'évoluer, mais les documents solides — les preuves vérifiables, les chronologies exactes, les preuves croisées — resteraient les seuls outils capables d'instruire une justice qui n'aspire pas à être parfaite, mais à être juste, malgré la complexité qui la caractérise. Et dans ce combat, l'informateur, comme un témoin qui choisit de parler malgré la peur des répercussions, demeurait un guide indispensable — un témoin qui, espérait-on, ouvrirait la voie à une transparence plus grande et à une responsabilité partagée entre tous les acteurs impliqués.

Chapitre 12 — Le souffle public

Le matin était clair, mais l'air avait cette marked médecine du doute une fraîcheur qui n'ose pas tout à fait masquer l'anxiété. Sur la terrasse vitrée du centre de presse, les journalistes installaient leurs blocs-notes et leurs caméras comme des oiseaux de proie patientant devant la proie idéale. Des flashs s'allumaient régulièrement, éclaboussant les visages des participants d'un goût métallique, et un murmure sourd parcourait la salle comme une vieille mélodie reprise à la guitare par un orchestre novice. Au cœur de ce ballet anxieux, Léa se tenait debout, droite, les épaules légèrement tirées vers l'arrière, prête à affronter ce qu'elle avait préparé depuis des mois une conférence de presse qui ne serait pas qu'un simple discours, mais un bras de fer public avec des contre-arguments soigneusement taillés au cordeau.

Le décor avait été méticuleusement pensé une salle rectangulaire aux murs couverts de panneaux acoustiques, un podium en bois sombre surplombé d'un microphone, et, derrière, un écran grand format prêt à projeter des chiffres, des graphiques et des visages qui, dans le monde libre, pourraient devenir des ennemis ou des alliés. Sur la table des intervenants, des documents éparpillés témoignaient d'un travail acharné une colonne de statistiques, des extraits de rapports internes, des lettres ouvertes, des notes d'entretiens. Tout cela, pour Léa, n'était pas un simple décor c'était l'armure et l'épée, le bouclier et la flamme, l'encre qui donnerait forme à une vision de réforme.

Elle prit une respiration mesurée, puis accueillit les regards qui, à mesure que l'heure approchait, devenaient plus braqués et moins neutres. Son équipe, fidèle et silencieuse, se lit dans les gestes un léger hochement de tête, un pli discret d'un bord de papier, une main posée sur l'épaule d'un conseiller ; tout cela trahissait l'unité fragile d'un groupe qui savait que l'espace public est une arène où les mots peuvent bruire comme des balles et où les chiffres, s'ils ne sont pas accompagnés d'explications, deviennent des armes.

Le moment arriva. Le maître de cérémonie annonça la conférence avec un ton qui oscillait entre formalité et combustion intérieure. Léa prit le micro, et les lumières se rapprochèrent d'elle comme un halo concerté par la salle tout entière. Elle commença par rappeler l'objectif originel de son travail éclairer des pratiques qui, selon elle, primèrent l'opacité sur la transparence, et proposer des réformes qui ne seraient pas de simples mesures cosmètes mais de véritables remparts contre l'incertitude publique. Ses mots, mesurés, portaient l'énergie d'un chant porteur ni victoire ni défaitisme, mais une énergie insistante qui exigeait l'attention de tous.

Elle présentait d'abord les faits des progrès dans la collecte des données publiques, des améliorations dans la traçabilité des dépenses, mais aussi des lacunes criantes qui, si elles restaient non comblées, pourraient gangréner la confiance citoyenne. Elle citait des chiffres, mais les accompagnait de récits une municipalité qui, bien que collectant des informations, échouait à les rendre lisibles pour un citoyen ordinaire ; un comité para-public qui, sous des signatures approbatives, cachait des clauses ambiguës qui pouvait favoriser tel acteur plutôt que tel autre ; des rapports qui, bien formatés, ne révélaient pas les biais qui les avaient façonnés.

Les contre-arguments arrivèrent en contrepoint, comme des vagues qui lèvent le front et se replient aussitôt contre le rivage. Des représentants politiques prirent la parole pour rappeler la nécessité d'un équilibre entre sécurité, compétitivité et responsabilité budgétaire. Ils parlèrent de contraintes institutionnelles, de délais, de lobbies qui, selon eux, compliquaient toute réforme et pourraient mettre en péril des projets jugés vitaux pour l'économie locale. D'autres plaidèrent la patience et l'attention au processus, arguant que des réformes hâtives risqueraient de créer des effets pervers et d'abaisser la qualité des services rendus au public. Il y eut des questions hostiles, des insinuations, et quelques regards qui semblaient évaluer, en temps réel, si Léa avait plus à offrir que de simples réponses calibrées.

Pourtant, Léa ne cessa pas. Elle tourna sa démonstration vers l'idée de "souffle public"—ce souffle qui, dans les grandes démocraties, se lève lorsque les citoyens commencent à lire les chiffres, à débattre des implications morales et économiques, et à pousser les décideurs vers des solutions plus claires et plus justes. Elle décrivit ce souffle comme un processus vivant, nourri par des données ouvertes, des audits indépendants, et des mécanismes de reddition de comptes qui ne se contentent pas de promettre, mais qui démontrent, publiquement, que les promesses se traduisent en actions vérifiables. Chaque réforme évoquée devenait alors une promesse que le public pourrait vérifier, tester, et éventuellement corriger par le biais de scrutins, de pétitions ou de conférences publiques.

Une partie de son argumentaire s'attarda sur les réformes économiques et administratives qu'elle jugeait indispensables mais qui, dans le climat politique, semblaient parfois synonymes de fragilité politique. Elle expliqua que les réformes ne devaient pas viser une parfaite hygiène administrative, mais une gestion qui rende des comptes et qui privilégie la souveraineté du citoyen accès équitable à l'information, réduction des délais bureaucratiques, simplification des procédures, et l'instauration de garanties qui empêchent les conflits d'intérêts. Elle insista sur la nécessité d'une transparence renforcée des marchés publics, d'un renforcement des mécanismes d'évaluation indépendante, et d'un cadre légal qui protège les lanceurs d'alerte et les journalistes qui déploient leurs reportages avec courage.

Au fil de son discours, la salle réagit par segments. Certains applaudissent timidement, d'autres restent d'un regard sceptique, mais chacun ressent la tension du moment une confrontation entre ce que l'on veut croire être possible et ce qui est praticable politiquement. Léa, consciente de cette dynamique, choisit délibérément d'ouvrir la porte à l'erreur et au débat, plutôt que de masquer les incertitudes derrière des formules aseptisées. Elle évoque des scénarios concrets de mise en œuvre, des étapes progressives qui permettraient d'évaluer l'impact de chaque réforme avant de passer à la suivante, et surtout la nécessité d'impliquer les citoyens dans le processus consultations publiques, plateformes de participation citoyenne, et une langue détaillée mais accessible pour décrire ce qui serait changé, pourquoi et comment.

Au cœur du débat, se glisse aussi une dimension personnelle, intime et politique qui donne à la conférence une couleur humaine et palpable. Léa parle de ses propres sources d'inspiration, de son engagement pour une société plus équitable et d'un certain coût personnel lié à son travail nuits assises devant des documents, appels sans fin, et ce poids constant du regard public qui peut être aussi bien un bouclier qu'un piquet de torture psychologique. Elle raconte les répercussions possibles sur sa carrière, sur sa famille, sur ses amis qui voient, dans cette lutte, un engagement qui peut être interprété à la fois comme héroïque et risqué. Cette dimension humaine ne fait pas de sa plaidoirie un acte dénué de risques ; elle la rend plutôt plus crédible, plus fragile et, par là même, plus puissante.

La conférence prit une tournure de plus en plus narrative un récit où chaque chiffre et chaque proposition devenait un chapitre d'une saga collective. Des documents de transparence renouvelée furent présentés, des scénarios budgétaires réévalués, et des propositions législatives perçues comme des jalons vers une architecture citoyenne plus résiliente et moins dépendante de dynamiques de pouvoir ambiguës. À mesure que le temps s'écoulait, l'opinion publique commença à basculer les journalistes pincèrent des éléments de vérité dans les objections politiques et les responsables se retrouvèrent face à la réalité d'un verdict public qui peut être aussi implacable que la loi elle-même.

Le dénouement de la conférence n'avait pas la force spectaculaire d'un coup d'éclat ou d'un aveu retentissant ; ce fut plutôt une progression lente, mesurée, qui laissait percer à travers le bruit une évidence pour que les réformes tiennent, elles devaient être soutenues par des outils concrets, par des chiffres traçables et par des mécanismes de redevabilité qui ne tolèrent pas l'ambiguïté. Léa proposa donc une feuille de route en trois volets 1) la mise en place d'un portail citoyen d'accès libre aux données publiques, avec des mécanismes d'explication et de contexte ; 2) l'institution d'audits indépendants annuels et publics, accompagnés de rapports synthétiques et accessibles ; 3) l'établissement de garanties juridiques claires protégeant les lanceurs d'alerte et les journalistes d'investigation, afin que les voix critiques puissent s'exprimer sans crainte de représailles.

Les échanges se terminèrent sur une note double d'un côté, l'évidence que le souffle public n'est pas une étincelle passagère, mais un courant durable qui peut modeler les décisions et les lois ; de l'autre, la reconnaissance que la conquête de la transparence exige non seulement du courage, mais une discipline technique et politique qui ne peut émerger du jour au lendemain. Des regards se posèrent sur Léa comme sur une figure pivot quelqu'un qui a offert au public une porte sur des vérités qui, jusqu'ici, avaient été cachées derrière des murs de formalisme et de prudence politique.

En quittant la salle, Léa sentit l'odeur particulière du papier et du café, mélange familier des conférences de presse et des nuits passées à retravailler des chiffres. Le souffle public, dit-elle en silence, ne réside pas dans les mots prononcés aujourd'hui, mais dans les gestes qui suivront, dans chaque citoyen qui prendra le temps de lire, de questionner et de réclamer des comptes. Le chemin serait long, mais la conférence avait planté un drapeau il était désormais possible d'imaginer une gouvernance plus claire, plus juste et, surtout, plus audacieuse face à l'incertitude. Et c'est là, peut-être, que réside le vrai pouvoir des réformes non pas dans l'ampleur d'un seul décret, mais dans la capacité collective à faire exister le souffle public comme une réalité quotidienne, tangible et durable.

Chapitre 13 — Le chiffre qui ment

La salle d'audit était froide, comme un caveau protégé par des murs de béton et des écrans qui respiraient un halo bleu. L'équipe de Léa entra discrètement, portant les préoccupations lourdes comme des vestes d'extérieur. Les chiffres présentés la veille par les services financiers, censés refléter la robustesse d'un système en apparence transparent, montraient aujourd'hui des failles béantes des écarts minimes en apparence, des Δs insignifiants dans les colonnes, et pourtant une impression tenace que quelque chose se tordait sous les chiffres comme un câble mal torché.

Léa savait que la vérité ne se cachait pas dans une seule donnée, mais dans la manière dont les données s'imbriquaient les unes avec les autres. Elle avait été préparée par des mois de lectures de bilans, d'études de procédures et de contrôles internes qui, mis bout à bout, formaient une cartographie fragile mais utilisable d'un système qui, sur le papier, brillait par sa stabilité. Mais les audits ne mentent pas tout entier ; ils révèlent les angles morts, les zones grises où les pratiques se glissent hors champ.

La scène s'ouvrit sur la lumière blanche, éclatante et impitoyable, qui inonda des tableaux projetés sur un mur blanc colonnes de recettes, colonnes de dépenses, flux entrants et sortants, dotations budgétaires, et un arbre des dépenses qui semblait, à première vue, parfaitement organisé. Puis, comme une porte qui se dérobe sans bruit, les premières incohérences apparaissaient une série de paiements identiques répétés sur des périodes étalées ; des postes budgétaires qui, en apparence, ne bougeaient pas alors que les activités avaient changé ; des montants qui, littéralement, s'étaient déplacés d'un compte à un autre au fil des mois, sans trace de justification suffisante.

Léa s'assit, les mains jointes, et regarda autour d'elle les auditeurs, experts techniques, contrôleurs, et même quelques sceptiques politiques dont les regards pesaient comme des épreuves de vérité. Au centre, un panneau affichait des graphiques reliés par des flèches fines, des chiffres qui semblaient danser dans une chorégraphie obstinée vers une conclusion qui ne voulait pas se dire clairement. Le chef d'équipe d'audit, un homme au visage coupé par les années et par des heures d'analyses minutieuses, prit la parole d'une voix qui cherchait l'équilibre entre fermeté et prudence "Nous avons identifié des anomalies répétées dans les écritures de clôture, des écarts qui ne s'expliquent pas par des décalages temporels habituels. Ce n'est pas une simple marge d'erreur ; c'est une faille structurelle qui met en doute la fiabilité des rapports."

Les documents qui virent le jour furent d'abord des puzzle pièces, des fragments qui semblaient isolés des autres un lot de factures qui n'avaient pas été reliées aux bons projets, des reçus qui apparaissaient dans des périodes où aucune dépense officielle ne pouvait les justifier, des notes de service qui, une fois croisées avec les appels d'offres, révélaient des correspondances qui n'auraient jamais dû exister. Chaque pièce du puzzle n'était pas significative seule ; c'était la façon dont elles s'emboîtaient qui révélait un mécanisme de dissimulation budgets maquillés pour masquer des coûts réels, crédits enregistrés à contrecourant des dépenses, transferts inter comptes qui créaient une impression de solidité tout en dissimulant des flux qui n'auraient pas dû être mis en évidence.

Léa se pencha vers le tableau, ses yeux passant d'un chiffre à l'autre, cherchant le chaînage invisible qui relie les incohérences entre elles. Elle pensait à cette phrase qui hantait ses nuits depuis des mois la vérité se cache dans les incohérences comptables. Ce n'était pas une révélation romantique, mais une observation clinique quand les systèmes d'évaluation reposent sur des indicateurs qui se contredisent, ou qui peuvent être manipulés sans que personne ne le remarque, alors la crédibilité du whole collapse, et avec elle la confiance du public.

Le récit prit une tournure presque scénique lorsque l'auditeur interne, une jeune analyste à l'œil perçant, entra dans le champ visuel avec un dossier épais qu'elle déposa devant Léa. "Voyez ici, sur ces rapproches de postes," dit-elle en pointant du doigt une série de colonnes distordues. "Les imputations de certains postes de frais de déplacement ne correspondent pas au périmètre des activités recensées. Et lorsque l'on suit les flux, on découvre des paiements qui, au lieu de financer des projets, alimentent des moteurs de services annexes — des prestataires qui ne figurent pas dans les catalogues d'achat standard." Sa voix, bien que neutre, portait une légère pointe d'alarme.

La tension monta d'un cran lorsque les responsables du système d'évaluation, présents sous la pression d'une pression croissante, tentèrent de défendre l'argumentaire technique marges d'erreur acceptables, délais comptables, règles d'amortissement qui expliquaient partiellement les écarts. "Les chiffres qui semblent problématiques ne démontrent pas nécessairement une intention de tromper," soutint un directeur financier, en tentant d'ajouter une note de rationalité. "Ils témoignent parfois d'un système qui n'est tout simplement pas adapté pour capturer les réalités opérationnelles complexes." Mais cette défense, bien que plausible, n'éclairait pas les zones d'ombre pourquoi les corrections intervenaient-elles rarement en temps utile ? pourquoi les anomalies s'accumulaient-elles dans des domaines sensibles comme les marchés publics et les subventions ?

Léa, qui avait appris à lire au-delà des mots et des chiffres, prit alors une direction plus méthodologique elle invita l'auditoire à suivre une méthode qu'elle appelait "l'enquête par les incohérences". Plutôt que de chercher une cause unique, elle proposait de remonter le fil des réalités quotidiennes des services, de regarder qui avait autorité sur quelles décisions, et de vernir les résultats d'un faisceau d'épreuves croisées — test après test, croisement de données, réconciliation des écritures. Chaque incohérence était une porte entrouverte vers une explication possible, mais c'était la manière dont elles s'additionnaient qui offrait la complexité véritable de la question les chiffres ne mentent pas en eux-mêmes ; ils mentent lorsqu'ils sont mal alignés avec des processus qui ne savent pas les contrôler.

À mesure que la session avançait, la tension passa d'un simple déballage d'erreurs à une critique fondée des systèmes mêmes qui produisaient les chiffres. Léa aborda le concept d'évaluation et de reddition de comptes, non pas comme des outils abstraits mais comme des mécanismes vivants qui doivent s'adapter à la réalité des missions publiques. Elle souligna les risques de dépendre trop fortement de modèles algorithmiques ou de cadres de contrôle qui privilégient l'optimisation des coûts au détriment de la clarté et de la traçabilité humaine. "Un système d'évaluation qui ne peut pas être audité par un œil indépendant est un système qui peut être manipulé," affirma-t-elle, sur le fil de la conviction et de la précaution.

La démonstration ne se termina pas par une condamnation sans appel, mais par une invitation résolue à repenser les mécanismes de contrôle plus de transparence dans les règles de comptabilisation, des audits externes réguliers avec des protocoles clairs et publics, et surtout une culture organisationnelle qui ne craint pas de remettre en cause des méthodes établies lorsque les preuves le justifient. Le chapitre proposa une feuille de route en trois volets, presque comme une partition

Premier volet rendre les écritures plus tangibles et interopérables — harmonisation des codes de dépense, traçabilité unifiée des flux financiers, et obliger la documentation justificative à accompagner chaque mouvement d'argent, afin que rien ne puisse être expliqué par un simple "erreur humaine".

Deuxième volet instaurer des contrôles indépendants et rotatifs — audits externes programmés, revue par des comités citoyens, et mécanismes de signalement qui protègent les lanceurs d'alerte et les analystes internes qui détectent des anomalies.

Troisième volet instituer une culture de la transparence proactive — rapports publics périodiques, vulgarisation des données pour le grand public, et une éducation continue des agents publics sur les risques de partialité et de manipulation.

Quand la session toucha à sa fin, la pièce vibra d'un mélange d'émotions soulagement chez ceux qui avaient préparé les preuves, inquiétude chez ceux qui craignaient les conséquences politiques, et une certaine curiosité chez le public qui avait suivi l'audit avec un mélange de suspicion et d'espoir. Léa, disparaissant derrière le rideau de lumière, sentit un mélange d'épuisement et de détermination. Le chiffre qui ment n'était pas une fatalité ; c'était un signal. Un signal indiquant que les systèmes d'évaluation, pour être véritablement fiables, réclamaient non pas une simple amélioration, mais une révolution dans la façon dont on mesure, vérifie et raconte la réalité.

En quittant la salle, Léa respira profondément. Le monde extérieur était encore bruyant, encore rempli de débats et de polémiques, mais une chose était claire la vérité, même lorsqu'elle se dissimule dans les marges d'un bilan, finit toujours par trouver son chemin vers la lumière — si quelqu'un est assez tenace pour chercher là où les chiffres hésitent à parler. Le chapitre se referma sur cette pensée, ouvrant la porte à l'étape suivante transformer la révélation en réforme, et la réforme en confiance retrouvée entre la société et ceux qui la gouvernent.

Chapitre 14 — Le choix de vérité

La journée s'étira comme une corde tendue, prête à céder sous la moindre pression. Léa sentit, en traversant le hall du journal où les murs respiraient encore les échos des conférences récentes, que quelque chose avait changé dans l'atmosphère une densité nouvelle, une vigilance accrue, comme si la déferlante des révélations avait réveillé des ombres jadis adossées à des murs anonymes. Elle avançait avec une démarche mesurée, consciente du poids qui pesait sur ses épaules la décision qui s'annonçait n'était pas seulement une question professionnelle, mais une question d'éthique personnelle, une ligne invisible qu'elle devrait franchir sans trébucher.

Au programme de la journée, une série d'entretiens séparés qui visaient à tester les alliages fragiles de la vérité et de la sécurité. D'un côté, les sources anonymes qui avaient partagé, au fil des mois, des documents sensibles, des noms soigneusement dissimulés, des détails qui pourraient mettre en péril des vies si elles sortaient des enveloppes scellées où elles avaient été déposées. De l'autre, le devoir de transparence publique, l'idée que les informations, une fois rendues publiques, doivent résister au tumulte de la rumeur et aux pressions politiques. Entre les deux, Léa ressentait, comme un courant électrique, l'étrange conviction que chaque vérité, même la plus lumineuse, pouvait devenir dangereuse si elle était révélée sans précautions.

Son premier rendez-vous fut avec Mara, une journaliste indépendante qui avait aidé Léa à décrypter des flux financiers complexes et qui, au fil du temps, avait également défini des limites personnelles très claires sur ce qu'elle pouvait ou non révéler. Mara arriva, le visage éclairé par le néon, un carnet griffonné de questions, des yeux qui cherchaient à comprendre non seulement ce qui était vrai, mais ce qui pouvait être partagé sans mettre en danger des tiers. « Tu sais, Léa, le public a besoin de savoir ce qui peut être partagé sans mettre ninguém en danger », lança Mara avec cette franchise qui caractérise les journalistes qui savent doser le courage et la prudence. Léa acquiesça légèrement, mais laissa planer une tension silencieuse Mara, elle aussi, pouvait être un maillon du processus, mais elle restait vulnérable elle-même. Le sujet qui fusa, inévitable, fut le point sur lequel tout reposait qui protège les sources lorsque les risques deviennent concrets ?

« Mes sources ne sont pas des héros invincibles », admit Léa, avec une phrase qui ne cherchait pas la dramatisation mais la vérité nue. « Elles prennent des risques pour que d'autres puissent agir, et leur sécurité dépend du silence et de la discrétion. Or, révéler leurs noms ou même leurs détails peut les mettre en danger — pas seulement matériellement, mais émotionnellement et professionnellement. » Mara hocha la tête, consciente de la portée pratique de ces mots, et le silence qui suivit devint un espace de respiration partagé sous les néons froids.

La seconde entrevue fut avec un chef de bureau, figure d'autorité dans les rouages administratifs propres à l'enquête. Cet homme portait le poids d'un système qui, pour survivre, nécessite des compromis des compromis entre protéger les lanceurs d'alerte et préserver la stabilité des institutions publiques ; entre la rapidité des révélations et la rigueur nécessaire pour ne pas disperser des données sensibles dans l'éther médiatique. « Vous ne pouvez pas tout dire », dit-il, d'un ton rapide, comme s'il avait craint qu'un seul mot puisse déclencher une cascade incontrôlable. « Certaines informations, si elles sortent trop tôt, peuvent nuire à des opérations en cours, ou mettre en danger des personnes qui n'ont rien demandé à être exposées. » Léa entendit l'argument, et elle reconnut, en l'entendant, la part de vérité qui se cachait parfois derrière les slogans en faveur de la transparence l'équilibre entre le droit du public à savoir et le droit des individus à la sécurité.

Puis vinrent les moments les plus intimes, ceux où l'éthique personnelle se heurte à la pression du collectif. Une voisine de bureau, qu'on surnommait « l'Archiviste », resta immobile derrière son écran, comme si elle pouvait décharger tout poids de responsabilité sur les algorithmes et les procédures. Elle avait été témoin des menaces qui entouraient certains dossiers, des refus parfois explicites de divulgation, des avertissements à demi-mots qui semblaient pourtant très clairs à ceux qui savaient écouter. « Vous savez que vous ne pouvez pas tout dire sans exposer ceux qui ont pris le risque de vous parler », souffla-t-elle finalement, les mains crispées sur le rebord de son bureau. « C'est une réalité qui ne disparaîtra pas, mais qui peut être gérée par des mécanismes de protection, des cadres juridiques qui prévoient l'anonymat ou des solutions techniques pour sécuriser les communications. »

Dans le cœur de ces dialogues se dissimulait une évidence la vérité n'est pas une monographie figée, mais un organisme vivant qui respire à travers les garde-fous que les sociétés se donnent. Léa comprit, avec une clarté qui semblait s'imposer d'elle-même, que le véritable dilemme n'était pas de choisir entre dire ou ne pas dire, mais de trouver un modus operandi qui permette de dire davantage sans mettre en danger ce qui mérite d'être protégé. Elle commença alors à parler de « secrets sacrés » et de « secrets humains ». Les secrets sacrés étaient ceux qui, une fois révélés, pourraient bouleverser des structures de pouvoir ou déstabiliser des politiques publiques essentielles. Les secrets humains, au contraire, protégeaient des individus qui, par leurs témoignages, avaient permis d'avancer vers une vérité collective, mais qui, dans le même souffle, pouvaient être exposés à la vindicte ou au chantage.

La tension monta à mesure que le récit avançait vers le point crucial la décision elle-même. Léa avait plusieurs options, chacune avec ses coûts et ses bénéfices. Option A poursuivre la publication telle quelle, en acceptant les conséquences potentielles pour les sources et pour elle-même, mais en maximisant la transparence et la responsabilisation des autorités. Option B effectuer une publication modérée, en floutant certains détails sensibles, afin de préserver la sécurité des personnes au prix de la pureté documentaire. Option C retarder la diffusion, afin de mettre en place des mesures de protection supplémentaires et d'évaluer les risques plus en détail, au prix d'un accroissement du suspense et d'un possible décalage temporel dans les révélations.

La notion de « sécurité » se révéla plus complexe que Léa ne l'aurait cru. La sécurité n'était pas seulement la protection physique ou le secret des noms ; elle impliquait aussi des dynamiques psychologiques la peur du chantage, la peur des représailles professionnelles, l'angoisse des proches qui pourraient être pris en otage par le récit public. Et, plus subtile encore, la sécurité signifiait éviter d'enclencher une cascade qui, une fois déclenchée, pourrait éroder durablement la confiance du public dans les médias et dans les institutions ; une telle érosion pourrait devenir, à terme, plus dangereuse que les révélations elles-mêmes.

Pourtant, au-delà des considérations techniques et pratiques, il existait une dimension plus volatile le sens du devoir. Léa ne voyait pas les sources comme des obstacles, mais comme des porteurs potentiels d'indices qui, s'ils étaient protégés, pouvaient continuer à alimenter le travail journalistique dans un cadre sûr et éthique. Son esprit retomba sur une phrase qui avait hanté son travail « La transparence porte des responsabilités autant que des droits. » Elle se demanda alors si la société était prête à accepter le prix de la vérité complète ou si, au fond, elle préférerait des formes de vérité limitantes mais plus acceptables politiquement.

La décision finale, quand elle arriva, ne fut pas annoncée comme un coup de théâtre, mais comme un sillon laissé dans le sol par une démarche lourde et mesurée. Léa prit la voix du moment, non pas pour trancher avec des gestes vifs, mais pour expliquer les choix possibles et les raisons qui les motivent. Elle exposa sa réflexion comme on déclare un code de conduite honnêteté envers le public, respect des personnes impliquées, et responsabilité envers la sécurité collective. Sa voix, calme mais ferme, résonna dans la salle, mais surtout dans les esprits des personnes qui l'écoutaient à distance, par les réseaux, via des retransmissions en direct et des fils de discussion qui semblaient s'étendre plus loin que les murs du studio.

Elle choisit finalement une voie qui répondit à une intuition nourrie par son expérience une publication progressive, échelonnée sur plusieurs jours, associée à des mesures de protection robustes pour les sources et les témoins. Ce choix, s'il pouvait sembler prudent au regard de ceux qui préfèrent l'audace sans filet, était pour elle une déclaration la vérité devait être annoncée, mais elle ne pouvait l'être au détriment du droit à la sécurité des personnes qui avaient pris le risque de parler. Elle annonça aussi l'application d'un cadre de protection renforcé, comprenant des garanties juridiques pour l'anonymat, des procédures de révision internes avant publication, et la mise en place d'un dispositif de sécurité numérique pour les échanges sensibles chiffrement renforcé, vérifications d'identité et protocoles de sauvegarde qui garantiraient que les informations ne soient jamais exposées par inadvertance ou par négligence.

Le compte rendu de sa décision fut accueilli par un mélange de soulagement et de prudence. Certains parlaient d'un « compromis nécessaire », d'autres d'un « geste éthique mûrement réfléchi ». Peu à peu, les réactions publiques s'organisèrent autour d'un consensus fragile la transparence restait l'objectif ultime, mais elle devait être cultivée avec sagesse et discernement, comme on cultive une plante rare qui pourrait se faner si on ne lui apporte pas le bon soin. Les analystes évoquèrent les conséquences potentielles sur le climat politique, le rapport entre médias et pouvoirs, et même les répercussions sur les relations personnelles de Léa. Elle savait que la décision allégerait une partie du fardeau sur ses épaules, mais qu'elle attirerait sans doute l'attention, les critiques et, parfois, les menaces.

Au soir, lorsque Léa quitta le bâtiment, elle n'avait pas l'impression d'avoir triomphé ou d'avoir perdu quelque chose. Elle avait, simplement, franchi une étape majeure d'un chemin où la vérité et la protection coexistent en tension permanente. Le choix de vérité, pour elle, était un acte de foi croire que la vérité, même demi-mondainement cachée dans des recoins sensibles, peut devenir plus puissante lorsqu'elle est traitée avec un soin attentif, un cadre juridique clair et une prudence qui ne ressemble pas à la peur mais à la sagesse stratégique.

Le chapitre s'acheva sur une image légère mais chargée de sens Léa, marchant sous la lumière lunaire qui se reflétait sur les vitres des immeubles, se retourna une dernière fois vers le bâtiment où s'étaient nouées et défaites les promesses, les pressions et les choix. Elle pensa à ses sources, à ses lecteurs, et à la promesse qu'elle avait fait que la vérité, si elle devait être révélée, serait révélée de manière responsable, afin que la société puisse bénéficier de la connaissance sans être écrasée par le poids des conséquences. Le choix de vérité n'était pas une fin en soi ; c'était le début d'un nouveau chapitre où la sécurité et la transparence, loin d'être des adversaires, pouvaient devenir les deux piliers d'une démocratie plus résiliente et plus courageuse.

Chapitre 15 — Le destin des vies

Le livre se referme sur une salle calme, presque sacrée, où les dernières pages encore tiédies par l'encre et l'imagination attendent d'être tournées. Au centre, un lecteur solitaire pourrait prendre ce texte comme une simple synthèse, mais pour ceux qui ont suivi le chemin sinueux des enquêtes, des chiffres et des hésitations morales, il ne s'agit pas d'un épilogue factuel, mais d'un appel à la mémoire collective — et à l'action future. Le destin des vies, ici, ne se lit pas seulement dans les colonnes d'un bilan, mais dans les regards croisés de ceux qui, chacun à leur manière, font tomber ou entretiennent les murs qui séparent la transparence et l'opacité, le droit et l'influence, la vulnérabilité humaine et le pouvoir économique.

Préface du lecteur intérieur. Le chapitre s'ouvre comme une respiration partagée entre l'auteur et le public nous avons vu des réseaux se tisser, des chaînes se rompre, des vérités se prévoir en couches successives et des vérités éparses se rassembler en une réalité complexe. Il ne s'agit pas d'un récit linéaire où chaque fait mènerait directement à une conclusion, mais d'un collage vivant où les preuves se déploient comme des fragments qui, assemblés, dessinent une image plus précise mais toujours imparfaite. Le texte ne nie pas l'incertitude il la consolide, en montrant comment la justice, la transparence et la responsabilité ne se gagnent pas une fois pour toutes, mais se portent jour après jour, dossier après dossier, chair après chair.

Synthèse des preuves et des réformes préconisées. Le cœur du chapitre propose une cartographie des preuves accumulées tout au long du livre, non pas pour rééditer les enquêtes, mais pour clarifier ce qui mérite d'être protégé, ce qui peut être partagé et ce qui doit être remodelé pour que les décisions publiques ne se fassent plus au détriment des personnes vulnérables.

L'infrastructure des réseaux et leur "rial". On rappelle les dynamiques de connivences qui, sous le couvert de pratiques professionnelles, avaient permis à certains acteurs locaux et internationaux de tirer avantage des failles de transparence. La synthèse rappelle que les garanties ne se réduisent pas à des règlements, mais qu'elles nécessitent des mécanismes de contrôle permanents données ouvertes, vérifications croisées, audits publics et indépendants, et une culture organisationnelle qui valorise la reddition de comptes autant que l'efficacité opérationnelle.

Les systèmes d'évaluation et leurs silences. Les incohérences comptables et les marges d'erreur techniques ont été réexaminées non pour accuser, mais pour comprendre les limites structurelles des systèmes qui mesurent la performance publique. Le chapitre propose des réformes claires harmonisation des codes de dépense, traçabilité renforcée des flux financiers, et documentation justificative systématique. Il insiste sur une éthique de l'évaluation qui privilégie la transparence des hypothèses et la divulgation des incertitudes.

Le souffle public et le droit du citoyen à savoir. La conférence de presse et les débats qui ont suivi ne sont pas oubliés ; ils deviennent les exemples les plus convaincants de ce que signifie "construire la confiance". Les réformes suggérées s'inscrivent dans une logique de participation citoyenne portails de données accessibles, mécanismes de feedback, et instruments qui permettent au public de suivre les promesses, les retombées et les responsabilités. Le chapitre insiste sur le mot clé co-responsabilité. La transparence ne se délègue ni aux médias, ni aux pouvoirs publics seuls ; elle se pratique par une collaboration active entre journalistes, institutions, ONG, et citoyens.

La sécurité des personnes et la protection des témoins. Le destin des vies ne peut être lisible sans le respect des vies humaines qui se cachent parfois derrière les chiffres. Les réformes incluent des cadres juridiques robustes pour protéger les sources, des protocoles de sécurité numérique et des procédures de révision qui obligent à peser les risques avant chaque publication. Il est écrit, presque comme une missive morale protéger ceux qui parlent, c'est préserver le droit de la société à entendre des vérités difficiles.

Une culture de la redéfinition des risques. Le chapitre propose d'établir des comités mixtes — experts, journalistes, représentants de la société civile et citoyens concernés — qui évalueraient régulièrement le paysage des risques manipulation algorithmique, pressions politiques, risques de représailles, et les limites éthiques autour de la collecte et de la diffusion d'informations sensibles. L'objectif est clair anticiper les dérives et déployer des garde-fous qui ne freinent pas la curiosité publique, mais qui la guident avec justice.

Le fil rouge l'appel à l'action. Ici, le livre prend littéralement la forme d'un manifeste, non pas pour les journalistes only, mais pour tous ceux qui participent — d'une manière ou d'une autre — à la vie publique et économique.

Pour les citoyens lire avec esprit critique, questionner les chiffres, exiger des explications claires, et participer à des dialogues publics sur la manière dont l'argent et l'influence se traduisent en politiques, services et opportunités. Demander des bilans, réclamer des données ouvertes, et marcher ensemble vers des mécanismes de reddition de comptes qui ne sont pas des mots sur un papier, mais des pratiques quotidiennes.

Pour les journalistes et les médias renforcer l'éthique du travail d'investigation, sécuriser les canaux de sources, et maintenir une discipline de publication qui respecte à la fois la curiosité et la sécurité. Mettre en place des protocoles de publication par étapes, assurer des vérifications croisées systématiques, et accepter que certaines vérités nécessitent plus qu'un simple flash d'actualité il faut du temps, des confirmations, et une stratégie de communication qui ne sacrifie pas les personnes vulnérables pour la vitesse.

Pour les dirigeants publics et les institutions transformer les leçons en actions concrètes adopter des cadres juridiques qui soutiennent la transparence tout en protégeant les vulnérables, mettre en place des audits réguliers et publicisés, institutionnaliser une culture de révision et d'amélioration continue, et s'engager à réparer les dommages lorsque les systèmes dévient de leur objectif initial.

Pour les acteurs économiques et les opérateurs privés comprendre que la confiance et la durabilité ne se gagnent pas par la publicité ou les promesses, mais par des pratiques conformes, traçables et responsables. Le chapitre propose des normes de conduite claires traçabilité des flux financiers, clarté des clauses contractuelles, et mécanismes de conformité qui ne se contentent pas d'écrire des règles mais qui les font vivre au quotidien.

Le lecteur est invité à voir le récit non comme un bilan monolithique, mais comme une mosaïque d'expériences humaines. Chaque preuve évoquée dans le livre est accompagnée d'un visage, d'un nom ou d'un dilemme celui de l'analyste qui découvre une incohérence, celui du lanceur d'alerte qui prend le risque de parler, celui du citoyen qui hésite entre impatience et prudence. Le récit se transforme en un vaste miroir où chacun peut reconnaître une part de sa propre responsabilité agir avec rigueur, exiger la clarté, protéger les plus vulnérables et refuser d'adhérer à un confort qui tolère l'injustice tant qu'elle est tolérée par la majorité.

La conclusion ne promet pas une fin spectaculaire, mais une promesse durable le travail journalistique, lorsqu'il est guidé par l'éthique et soutenu par des cadres solides, peut devenir plus qu'un récit ; il peut devenir une force de transformation sociale. Ce n'est pas une fin en soi, mais le point de départ d'un nouveau cycle de vigilance civique. Le destin des vies n'est pas scellé par l'apparence des bilans ; il est modelé par les choix collectifs que nous faisons chaque fois que nous lisons, que nous questionnons, que nous exigeons des comptes, et que nous nous emparons de notre droit à la transparence pour plaider en faveur d'un monde où la vulnérabilité humaine n'est pas un sous-produit du système, mais son indicateur le plus précieux et le plus humain.

Le livre se termine sur une image porteuse d'espoir et de responsabilité une ligne d'hommes et de femmes qui, ensemble, se tournent vers l'horizon des réformes, non pas pour sauver un système, mais pour sauver des vies. Si le lecteur accepte de se joindre à ce mouvement, alors chaque chapitre, chaque chiffre et chaque témoignage auront servi à la construction d'un espace où la vérité peut exister sans être écrasée par les intérêts, où la justice peut être poursuivie sans être muselée par l'urgence des débats, et où chaque voix, même la plus fragile, peut trouver sa place dans le débat public. Le destin des vies, en fin de compte, dépend de notre capacité collective à transformer le récit en action, et l'action en une démocratie plus fidèle à ses promesses.

Prologue

Le lecteur qui s'apprête à tourner la première page ne sait pas encore que ce livre ne commence pas par une vérité simple, mais par un doute qui sème des vagues dans l'esprit. Il commence par l'éclairage d'un bureau tardif, par le parfum métallique de l'encre et par le bruit obstiné d'un clavier que l'on frappe comme pour appeler le destin à sortir de l'ombre. Dans ce décor apparemment anodin, chaque chose porte une promesse et chaque promesse peut être retournée comme un coin de pièce secrète.

Il était presque minuit quand Léa a reçu le message. Le nom de l'expéditeur était caché derrière une série de chiffres qui ressemblaient à un numéro de série, un code que seule la peur pouvait rapprocher d'une identité. Le message — court, sans détour — contenait une invitation et une mise en garde "Lis attentivement, puis décide. Ce serait bien que tu choisisses ce qui te protège et ce qui sert le public, avant que le choix ne soit forcé pour toi." Les caractères apparaissaient et disparaissaient comme des lucioles dans une nuit sans lune, mais la substance du message était claire une porte semblait ouverte, et derrière elle pouvait se trouver soit une voie vers la vérité, soit un précipice qui engloutirait les voix qui s'y aventureraient.

Le lendemain, le ciel gris s'étalait sur la ville comme une grande question sans réponse. Des bus, des passants, des panneaux publicitaires—tout était prétexte à la normalité, à la routine qui rassure. Et pourtant, quelque chose dans l'air disait que la normalité était une façade doucement fissurée, prête à s'écrouler sous le premier souffle de vérité. C'est dans ce monde de surfaces lisses que l'histoire a commencé à changer de texture, à se faire moins lisible et, paradoxalement, plus humaine.

Le prologue n'est pas une scène isolée ; il est une promesse invisible, une promesse que l'on tend vers le lecteur comme vers un compagnon de route. Il cherche à introduire le fil conducteur sans révéler tous les nœuds de la trame, afin que le lecteur, tout en avançant, puisse reconstituer les morceaux manquants et comprendre pourquoi chaque chapitre a été écrit comme un pas dans un pays que l'on ne connaît pas encore mais que l'on pressent pouvoir être le sien.

Ce livre parle de réseaux. Pas seulement de réseaux techniques, qui relient des serveurs et des données, mais de réseaux humains des liens de pouvoir, des obligations tacites, des chaînes qui échangent des promesses et des responsabilités sous le couvert de mots qui sonnent juste. Les réseaux, ici, ne sont pas des abstractions agréables ; ils peuvent devenir des zones grises où l'équilibre entre le droit d'être informé et le droit de se protéger se joue au fil des jours, des mois, des années. Le prologue, en ce sens, se veut une introduction à une tension permanente entre lumière et ombre, entre transparence nécessaire et prudence salutaire.

Au centre du récit se trouve Léa, journaliste d'investigation dont le regard est aussi exact que son oreille est fine. Elle ne cherche pas à écraser la complexité sous le poids d'un seul argument ; elle cherche à comprendre comment les petites décisions, prises dans des couloirs peu visibles, peuvent produire des effets qui dépassent les murs où l'on garde les intentions privées. Dans son carnet, les pages vierges se remplissent au fur et à mesure que les questions naissent qui parle vraiment lorsqu'on parle de l'intérêt public ? comment distinguer une révélation qui sert le public d'une information qui sert une autre forme de pouvoir ? Et surtout quel prix sommes-nous prêts à payer pour que la vérité ne soit pas seulement racontée, mais vécue par ceux qui en dépendent ?

Le prologue ne promet pas une solution ; il annonce une exploration. L'exploration commence par une phrase banale, puis se transforme, comme une rivière qui, en contournant des rochers, découvre des lits plus profonds. Il commence par un incident apparemment banal, une observation appuyée par des chiffres — ou du moins par ce que l'on croit être des chiffres — qui, pris isolément, ne disent pas grand-chose mais, assemblés, racontent une histoire qui ne peut être ignorée. C'est là que réside le pouvoir des enquêtes elles ne se contentent pas de décrire le monde ; elles l'obligent à se modifier, ne serait-ce que de l'intérieur, et elles imposent au lecteur une responsabilité nouvelle.

Car ce livre n'est pas seulement le récit d'un travail journalistique. C'est une invitation à l'action collective. Il suppose que la connaissance n'est pas un trésor à conserver dans des coffres-forts, mais une ressource fragile et précieuse qui demande à être partagée, discutée, et surtout traduite en gestes concrets. Il effleure les frontières entre le singulier et le collectif la vie des lanceurs d'alerte, la sécurité des informateurs, la dignité des personnes vulnérables, et la sécurité des systèmes dans lesquels ces vies s'insèrent. Le prologue ne nie pas les risques ; il les intègre à la narration comme une évidence toute révélation qui peut améliorer le sort du public porte en elle le germe d'un coût humain qu'il faut mesurer et, le cas échéant, dévider avec précaution.

Il existe dans ce livre une conviction simple, mais risquée que la vérité, si elle n'est pas accompagnée d'un cadre de protection et d'une culture de responsabilité, peut devenir elle-même une arme. Une vérité mal gérée peut alimenter la peur, déstabiliser les personnes qui ont choisi de parler, et, au bout du compte, éroder la confiance du public dans ceux qui cherchent à éclairer les mécanismes obscurs du pouvoir. Pourtant, l'opposé n'est pas non plus une voie facile une ignorance délibérée ou une retenue capricieuse des informations peut aussi plonger la société dans l'ignorance et le cynisme, vulnérant d'autant plus les personnes les plus fragiles.

Le prologue invite ainsi le lecteur à porter ses propres questions jusqu'où peut-on aller pour protéger ceux qui parlent ? Quelles limites imposer à l'information lorsque l'intérêt public et l'intégrité personnelle semblent s'opposer ? Et, finalement, comment transformer un récit en action réelle qui puisse changer des vies sans sacrifier les principes qui fondent ce récit ?

À mesure que les pages se tourneront, le lecteur découvrira une cartographie des dilemmes, des choix et des risques, mais aussi des propositions concrètes mécanismes de protection des sources, cadres juridiques pour la transparence, et une éthique de travail qui place la dignité humaine au cœur du travail journalistique. Le prologue ne veut pas imposer une solution préfabriquée ; il veut équiper le lecteur d'un esprit critique et d'un sens de la responsabilité qui permettront d'évaluer les propositions, de comprendre les enjeux et, si nécessaire, de réclamer des comptes.

Et si, à la fin, il ne restait que des questions, alors ce serait peut-être le signe que le livre a accompli sa tâche réveiller une conscience collective, rappeler que les chiffres ne parlent pas sans interprétation, et que les vies humaines, lorsque victimes du marketing ou des réseaux d'influence, exigent une réponse qui ne soit ni naïve ni spectaculaire, mais juste et durable. Entre les lignes, le prologue promet une chose que la vérité, quand elle est partagée de manière responsable, peut devenir une force civique qui transforme non seulement des récits, mais des destins.

Ainsi commence ce livre. Non pas comme une condamnation universelle, mais comme un appel à l'attention ouvrez les yeux, lisez lentement, questionnez sans peur, et acceptez peut-être, avec une certaine inquiétude, le rôle qui vous revient dans cette affaire collective qu'est la vie publique. Le destin des vies, affirme ce prologue, dépend non pas d'un seul chapitre, mais de la manière avec laquelle chaque lecteur choisit de répondre aux preuves, de la gravité avec laquelle il accueille les réformes, et de la détermination avec laquelle il refuse que le récit demeure une fiction pour ceux qui en ont le plus besoin. Bienvenue dans ce voyage. Puisse-t-il durer aussi longtemps que la quête de justice et de vérité durera.

Don't miss out!

Visit the website below and you can sign up to receive emails whenever Jérôme Noirval publishes a new book. There's no charge and no obligation.

https://books2read.com/r/B-A-WENQB-IJKTH

BOOKS 2 READ

Connecting independent readers to independent writers.

About the Author

Jérôme Noirval n'écrit pas simplement des thrillers. Il **déplie l'âme humaine** avec la précision d'un scalpel, pour en révéler les blessures, les peurs et les zones d'ombre. Dans ses romans policiers, chaque page est un piège, chaque personnage une énigme, chaque silence un cri contenu.

Son écriture, **nerveuse, tendue, immersive**, entraîne le lecteur dans des **univers aussi glaçants que fascinants**, où l'on ne peut faire confiance à personne — pas même à soi-même. Maître du **rebondissement maîtrisé** et des **fins déroutantes**, Noirval construit ses intrigues avec une minutie presque chirurgicale.

www.ingramcontent.com/pod-product-compliance
Lightning Source LLC
LaVergne TN
LVHW060300051026
849517LV00003B/887